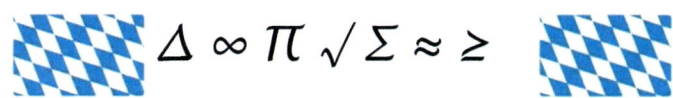

Schulaufgaben bayerischer Realschulen

Deutsch 6

mit Jahrgangsstufentest

mit Lösungen

Schulaufgaben bayerischer Realschulen

Verfügbare Titel

☺ **Mathematik** für Klasse **5, 6, 7**II/III, **8**II/III, **9**II/III und **10**II/III
☺ **Englisch** für Klasse **5, 6, 7, 8, 9** und **10**
☺ **Deutsch** für Klasse **5, 6** und **7**

Schulaufgaben von bayerischen Gymnasien

Verfügbare Titel

☺ **Mathematik** für Klasse **5, 6, 7, 8, 9, 10, 11** und **12**
☺ **Physik** für Klasse **8, 9** und **10**
☺ **Chemie** für Klasse **8, 9** und **10**
☺ **Englisch** für Klasse **5, 6, 7, 8, 9, 10** und **11/12**
   (Version **Green Line New** und **English G**)
☺ **Französisch** für Klasse **6, 7, 8** und **9**
   (Version **Découvertes** und **À plus**)
☺ **Deutsch** für Klasse **5, 6** und **7**
☺ **Latein** für Lernjahr **1** und **2**

Schulproben von bayerischen Grundschulen

Verfügbare Titel

☺ **Mathematik** für Klasse **3** und **4**
☺ **Deutsch** für Klasse **3** und **4**
☺ **Heimat- und Sachunterricht (HSU)** für Klasse **3** und **4**

Vorwort

Liebe Schüler, liebe Eltern,

seit der Reform der Realschulen von vier auf sechs Jahre ist Deutsch praxisnäher und lebendiger geworden. Diese

Schulaufgaben von bayerischen Realschulen
Deutsch 6

zeigen, welche Aufgabentypen in Realschulen verlangt werden. Die Schulaufgaben basieren auf den Lehrwerken unserer Schüler. Sie berücksichtigen damit die Merkmale der diversen Lehrbücher in verschiedenen Realschulen. Aufgrund der großen Nachfrage veröffentlichen wir die (modifzierten) Schulaufgaben mit Lösungen unserer Schüler.

Original-Schulaufgaben von Nachhilfeschülern unseres ***Durchblicker Lernstudio Arndt*** bilden die Grundlage der Aufgaben in diesem Buch. Der Inhalt der Schulaufgaben entspricht genau den Vorgaben des Lehrplans für bayerische Realschulen.

In der 6. Klasse wird am Anfang des Schuljahres ein **Jahrgangsstufentest** geschrieben, um die Grammatikkenntnisse aus der 5. Klasse zu prüfen. Zudem finden sich im vorliegenden Band sich pro Schulaufgabe jeweils zwei Prüfungen. Diverse Aufsatzthemen sind Reizgeschichte, Unfallbericht nach Zeugenaussagen, Sachlicher Brief, Sachtext, Eulenspiegelgeschichte, Märchen & Sage, Vorgangsbeschreibung und Erlebniserzählung. Die Reihenfolge der Aufsatzthemen kann vom Lehrer jederzeit ausgetauscht werden. Manche Lehrer lassen Deutschaufsätze üben, indem sie die Schüler benotete Probeaufsätze schreiben lassen. Außerdem gibt es zwei Grammatiktests.

Die acht hier gestellten Schulaufgaben mit Lösungen entsprechen dem Niveau aus Realschulen in Bayern und basieren auf tatsächlich gestellten Aufgaben. Sie beinhalten den gesamten Lernstoff der 6. Klasse. Wer diese Schulaufgaben konsequent durcharbeitet, dem sind bessere Noten sicher. Durch Übung kommt jeder Schüler zum Erfolg.

Versuche die Aufgaben selbständig zu lösen wie in einer richtigen Schulaufgabe. Wenn der Lehrer eine Schulaufgabe ankündigt, dann solltest du die entsprechenden Schulaufgaben machen. Vergleiche deine Lösungen mit den Lösungen der Schulaufgaben und korrigiere dich selbst. Wenn sich die Fehler häufen, dann musst du verstärkt im Schülerbuch oder in der Grammatik noch einmal die Kapitel, um die es geht, wiederholen.

Mein Ziel ist es, die Motivation und Kreativität aller Schüler beim Lösen von Schulaufgaben in Deutsch zu fördern. Dazu biete ich die **ausführliche Lösung** der Aufgabenstellung an.

Viel Spaß beim Lösen der Schulaufgaben

Deine und Ihre Deutschtrainerin Monika Arndt

Monika Arndt (Dipl.-Übersetzerin) veröffentlichte als Buchautorin Ernährungsbücher für Kinder in den Verlagen dtv und Ravensburger. **Das Baby-Kochbuch, Wie Kinder fit und gesund bleiben** und **Das Ravensburger Kochbuch für Kinder** mit Bildern von Ali Mitgutsch. Zuvor hat Monika Arndt in verschiedenen Redaktionen gearbeitet, z.B. über zehn Jahre in der Redaktion des Schulfernsehheftes beim Bayerischen Schulfernsehen. Beim Stark-Verlag hat sie über Produktion und Inhalt von Lernhilfen Erfahrungen gesammelt, geeignete Lehrer gesucht und die Bücher als Lektorin redigiert.
Sie unterrichtet Deutsch, Englisch und Französisch im *Durchblicker Lernstudio Arndt*.

Titelbild: Heinrich Schmid, Überlingen am Ried / Singen am Hohentwiel
www.durchblicker.org

ISBN 978-3-946141-11-2

© 2016 Version 0.2. Das Werk und seine Teile sind urheberrechtlich geschützt. Jede Nutzung in anderen als den gesetzlich zugelassenen Fällen bedarf der vorherigen schriftlichen Einwilligung des Herausgebers.

Inhaltsverzeichnis

Jahrgangsstufentest für Realschule als Beispiel

Schulaufgabe 1.1 Reizwortgeschichte
Schulaufgabe 1.2 Unfallbericht nach Zeugenaussagen

Schulaufgabe 2.1 Sachlicher Brief
Schulaufgabe 2.2 Sachtext

Schulaufgabe 3.1 Eulenspiegelgeschichte
Schulaufgabe 3.2 Märchen & Sage

Schulaufgabe 4.1 Vorgangsbeschreibung
Schulaufgabe 4.2 Erlebniserzählung

1.1 Grammatiktest
Richtige Form von *s*, *ss* und *ß* eintragen
Adjektive steigern: Fachwörter benennen für die drei Stufen, Tabelle ausfüllen
Nicht alle Adjektive können in drei Stufen gesteigert werden: gegebene Adjektive in drei Gruppen zuordnen
Fehlende Satzzeichen bei der wörtlichen Rede ersetzen
Satzglieder kennzeichnen und näher bestimmen

2.1 Grammatiktest
Gegeben sind 4 Sätze: Welche Sätze stehen in Passiv, welche in Aktiv? Sätze jeweils in die andere Form umwandeln evtl. mit Personenangabe
Verbformen in Person, Numerus und Tempus bestimmen
Was ist ein starkes, schwaches bzw. unregelmäßiges Verb? Dazu je ein Beispiel nennen
Wortarten jedes einzelnen Wortes in einem Satz bestimmen
Satzglieder angeben

Rot heißt stehen – Grün heißt gehen. Das weiß doch jedes Kind. Die Ampel soll dafür sorgen, dass einem auf der Straße nichts passiert. Doch seit wann gibt es sie eigentlich? Die erste Ampel mit Gaslichtern wurde 1868 in London für Kutschen und Pferdekarren aufgestellt. Doch weil ihr Glas nicht widerstandsfähig war, explodierten viele der ersten Ampelanlagen einfach. Als dann das Auto die Straßen eroberte, musste man sich schnell etwas Neues einfallen lassen. Denn die Autos waren nun viel schneller als Pferdekutschen und das Überqueren der Straße wurde für Fußgänger immer gefährlicher.

Da hatte ein Polizist aus Detroit (USA) eine Idee. Er wollte ein System mit elektrischen Signalen verwenden – so, wie es auch schon bei der Eisenbahn funktionierte. Dazu nutzte er elektrische Lampen in drei Farben, eigentlich mit der Ampelschaltung von heute vergleichbar. Im Januar 1919 war es dann so weit: An einer Kreuzung in Detroit regelte die erste elektrische Ampel den Verkehr.

Fünf Jahre später kam sie auch nach Deutschland. Auf dem Potsdamer Platz in Berlin wurde die erste Ampel nach amerikanischem Vorbild aufgestellt. Sie befand sich in einem Turm, der mehrere Meter hoch war, darin gab es eine Kabine für den Polizisten. Er musste damals die Leuchten (rot, grün und blau) bedienen. So wurde der Straßenverkehr geregelt. Heute erinnert eine Nachbildung an den ersten Ampelturm in Deutschland.

1957 wurde dann in Berlin die erste Fußgängerampel installiert. Grünes Licht bedeutete: gehen, rotes Licht: warten. Für die Fußgänger gab es also nur noch zwei Farben. Das Problem dieser neuen Fußgängerampeln war allerdings, dass sie zu kleine Lichtsignale hatten, die bei starkem Sonnenlicht nur schwer zu erkennen waren. Deshalb haben heute alle Ampeln einen Schirm über dem Symbol. Sie sehen trotzdem nicht überall gleich aus. Das Ampelmännchen ist es, was die Ampeln auf der Welt voneinander unterscheidet.

Um die Sicherheit für Fußgänger zu erhöhen, entwarf Karl Peglau, ein Verkehrsfachmann, das Symbol des Ampelmännchens. Es sollte ein grünes Männchen sein, das geht, und ein rotes, das steht. Damit Kinder und Jugendliche, aber auch ältere und behinderte Menschen, problemlos erkennen, was beim Aufleuchten eines der Symbole zu tun ist, wählte er sehr anschauliche Zeichen und die auffallenden Farben Rot und Grün.

Interessanterweise sehen Ampelfiguren fast in jedem Land anders aus. Bei uns gibt es sogar zwei verschiedene Formen: In den Teilen Deutschlands, die früher zu Ostdeutschland, also zur DDR, gehört haben, trägt der Ampelmann einen Hut. In Belgien sehen die Ampelfiguren ganz besonders fein aus, vor allem sind sie hier zu zweit. Kanada hat ein Ampelmännchen nur für die Grünphase, das Gehen. Wenn man dort an einer Ampel stehen bleiben soll, leuchtet eine Hand auf. Seit 2004 gibt es in einigen Städten in Deutschland sogar eine weibliche Form des Ampelmannes: Mit Rock und Zöpfen statt mit Hut bietet die Ampelfrau eine größere Leuchtfläche und ist so noch besser zu erkennen.

In Europa ist man bestrebt, die Ampelsymbole der einzelnen Mitgliedstaaten zu vereinheitlichen. Zu diesem Zweck wurde das Euromännchen entwickelt, das jetzt in neuen Ampelanlagen europaweit eingebaut wird.

www.nachrichtenfuerkinder.de/wissen/technik – verändert

Jahrgangsstufentest

Jahrgangs-stufentest

DEUTSCH

für die
Jahrgangsstufe 6
an bayerischen
Realschulen

2012

Name: _____

Klasse: 6 ___

Note:

Punkte: ___/60

Einlesezeit: 5 Minuten (nur Textblatt!)
Arbeitszeit: 45 Minuten

Umfang: 6 Seiten mit insgesamt
17 Aufgaben

Aufgabe 1

a) Kreuze an, welche Überschrift zum **gesamten Text** passt.
O Ampelfrau – in jedem Land anders
O Unterschiedliche Ampelsymbole in Deutschland
O Die Erschaffung der Ampelfrau
O Die Geschichte der Verkehrsampel

b) Kreuze zwei Städte an, die sich bei der Entwicklung von Ampelanlagen hervorgetan haben.

| München |
| London |
| Potsdam |
| Brüssel |
| Detroit |

3 Punkte

Aufgabe 2

a) Finde für die folgenden Stichpunkte den jeweils passenden Absatz von 2 bis 5.
Eine Ziffer ist dir vorgegeben.

1	Das Problem der gasbetriebenen Ampel
	Der Entwurf des Ampelmännchens
	Die erste Ampel mit elektrischen Lampen
	Die erste Fußgängerampel in Deutschland
	Die Ampel im Turm

b) Fasse den 6. und 7. Absatz selbst stichpunktartig zusammen.

| 6 | |
| 7 | |

6 Punkte

Aufgabe 3

Schreibe neben jedes Ampelzeichen, welchem Land es zuzuordnen ist.

3 Punkte

Aufgabe 4 3 Punkte

Auf der Abbildung links siehst du die Nährwertampel für „Schokoknabberflocken".
Lies dir alle Informationen dazu genau durch.

Die Nährwertampel

MITTEL 3,5 g (gelb)	Fett
GERING 0,9 g (grün)	gesättigte Fette
HOCH 25,0 g (rot)	Zucker
MITTEL 1,3 g (gelb)	Salz
384 kcal	Kalorien
pro 100 Gramm	

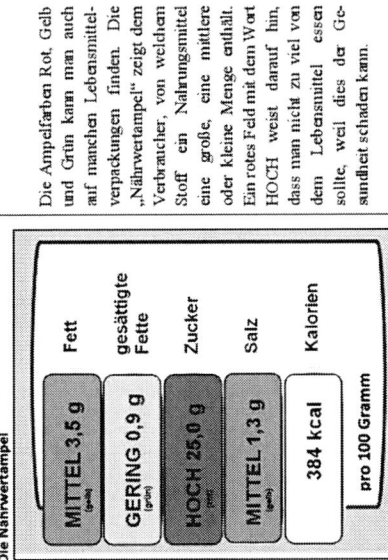

Schokoknabberflocken 500 g

Die Ampelfarben Rot, Gelb und Grün kann man auch auf manchen Lebensmittelverpackungen finden. Die „Nährwertampel" zeigt dem Verbraucher, von welchem Stoff ein Nahrungsmittel eine große, eine mittlere oder kleine Menge enthält. Ein rotes Feld mit dem Wort HOCH weist darauf hin, dass man nicht zu viel von dem Lebensmittel essen sollte, weil dies der Gesundheit schaden kann.

Kreuze die drei Sätze an, welche die Informationen von oben richtig wiedergeben.

	richtig
Die Nährwertampel macht die Verbraucher darauf aufmerksam, wie viel Fett in eine 100-Gramm-Portion Schokoknabberflocken enthalten ist.	
100 Gramm Schokoknabberflocken enthalten nicht nur Fette, gesättigte Fette, Zucker und Salz.	
500 Gramm Schokoknabberflocken enthalten 384 Kalorien.	
Ein 500-Gramm-Paket Schokoknabberflocken enthält insgesamt nur 3,5 Gramm Fett und ist deshalb ein gesundes Lebensmittel.	
Die Nährwerttabelle weist insbesondere darauf hin, dass Schokoknabberflocken schon sättigen, auch wenn man davon nur eine geringe Menge von 0,9 Gramm isst.	
Wer 100 Gramm von den Schokoknabberflocken isst, nimmt damit laut Nährwerttabelle 25 Gramm Zucker zu sich.	

Aufgabe 5 2 Punkte

Ergänze die unvollständigen Adjektive mit der jeweils richtigen Endung.

Der Radfahrer zuckt vor Schreck zusammen, als von rechts ein Auto kommt.

Er ist also ein schreck_____ Mensch.

Sie war also nicht acht_____ genug.

Beim Überqueren der Straße hätte sie mehr achtgeben müssen, dann wäre ihr nichts passiert.

Aufgabe 6 5 Punkte

Die unterstrichenen Begriffe im folgenden Text stammen aus dem Englischen.
Schreibe jeweils den deutschen Begriff aus dem Wortspeicher auf die entsprechende Zeile.

Verabredung – Test – Fragen – Innenstadt – Werbezettel – Einkaufszentrum – Befragung – kleine Flugzeuge – Geschäft

Ich stand gestern in der City an der Ampel und wartete, bis sie auf _____ Grün umschaltete. Da sah ich Nina. Sie kam aus dem Shop, wo sie wohl Flyer verteilt hatte, denn sie hielt noch einen ganzen Stapel in _____ der Hand. Irgendein Kerl führte gerade ein Interview mit ihr durch. _____ Endlich zeigte die Ampel Grün, dann sprach ich sie an, um ein Date _____ mit ihr auszumachen. _____

Aufgabe 7 5 Punkte

Ersetze jeweils „sagt" durch ein passendes Verb. Verwende jedes Verb nur einmal.

Ein Mann sitzt am Steuer. Die Frau auf dem Beifahrersitz blickt ihn von der Seite an und _____ (sagt): „Schatz?" – Er _____ (sagt) darauf: „Ja, Liebste?", woraufhin sie _____ (sagt): „Die Ampel zeigt Grün." – „Oh, stimmt .... ja ...", _____ (sagt) er. Sie _____ (sagt): „Grün bedeutet, man darf fahren!" – „Ja, ja, ich fahre ja schon ..."

Aufgabe 8 3 Punkte

Welche Situation passt jeweils zur Aussage? Schreibe den entsprechenden Großbuchstaben auf die Zeile.

Aussagen:

_____ Das fünfte Rad am Wagen sein

_____ Aus Schaden wird man klug.

_____ Außen hui, innen pfui

Situationen:

A Die Nachbarn fuhren jeden Samstag mit ihrem Auto in die Waschanlage. Im Innenraum des Wagens blieb aber wochenlang der Müll liegen.

B Die Garage der Nachbarn ist immer aufgeräumt und blitzsauber – wenn nur nicht immer so viel Müll davorstehen würde.

C Lukas verabredete sich mit Susanne, in die er verliebt war. Jan wollte den Nachmittag nicht allein verbringen und ging mit dem Pärchen ins Kino. Er fühlte sich dabei nicht sehr wohl.

D Lukas raste auf seinem Rad mit hoher Geschwindigkeit bergab, stürzte und verletzte sich dabei. Das wird ihm kein zweites Mal passieren.

E Lukas' Vater hatte mit seinem Auto gestern eine Reifenpanne. Gut, dass er immer einen Reservereifen dabei hat.

Jahrgangsstufentest Deutsch 2012 – Jahrgangsstufe 6 – Realschule

Aufgabe 9 (von Legasthenikern nicht zu bearbeiten)

Unterstreiche die **sechs** falsch geschriebenen Wörter und verbessere sie auf der Zeile daneben.

Hinter jedem Verkehrsampel verbirkt sich

ein Computergesteuertes System. Je

größer die Kreuzung, desto schwieriger

die Abläufe. Oft sind es die Fußgänger,

die den Takt vorgeben. Als lansamste

Verkehrsteilnehmer brauchen sie etwa

zehn Sekunden, um eine Farbahn zu

überqueren. Auf das grüne Signal folgt

stehts eine kurze Zeitspanne, während der

bei der mehrere Ampeln gleichzeitig

damit es jeder über die Strasse schafft.

6 Punkte

Aufgabe 10 (von Legasthenikern nicht zu bearbeiten)

Setze die **drei** notwendigen Satzzeichen deutlich in die Kästchen.

Was ist □ wenn die Ampelanlage einer Kreuzung ausfällt □ Dann regeln Verkehrszeichen die Situation. Verkehrsplaner fürchten jedoch □ besonders die Situation
bei der mehrere Ampeln gleichzeitig □ auf Grün umschalten □ und alle losfahren.

3 Punkte

Aufgabe 11 (von Legasthenikern nicht zu bearbeiten)

Ergänze, **wenn nötig**, fehlende Buchstaben.

Über Verkehrserzi____ung hast du schon viel in der Grundschule gehö____rt.
Man le____nt zi____mlich viele Zeichen kennen. Dabei erfä____ren Schüler, wie man
sich unsi____chtig verha____lten muss.

3 Punkte

Aufgabe 12 (von Legasthenikern nicht zu bearbeiten)

Entscheide, ob hier groß- oder kleingeschrieben wird. Kreise jeweils den richtigen Anfangs-
buchstaben ein. Die Regeln im Kasten helfen dir dabei.

Regeln für die richtige Schreibung von Farbadjektiven

1. Grundsätzlich werden Farbadjektive kleingeschrieben.
2. Wird die Farbbezeichnung als Nomen/Substantiv verwendet, schreibt man sie groß.
3. Ist das Farbadjektiv Bestandteil eines Eigennamens, wird es großgeschrieben.

Lasst uns heute einen Ausflug ins **g / G**rüne unternehmen.
Das **r / R**ote Kreuz hilft in Notlagen.
Die Sonne lacht vom **b / B**lauen Himmel.

→ Legastheniker weiter mit Aufgabe 13

Jahrgangsstufentest Deutsch 2012 – Jahrgangsstufe 6 – Realschule

Aufgabe 13

Kreuze die richtigen Aussagen zu folgendem Satz an.
Beachte: Werden insgesamt mehr als zwei Kreuze gesetzt, gibt es Punktabzug.

Das Problem der neuen Fußgängerampeln waren die zu kleinen Lichtsignale, die man bei starkem Sonnenlicht nur schwer erkennen konnte.

	richtig
Bei diesem Satz handelt es sich um …	
… eine Satzreihe.	
… ein Satzgefüge.	
… um einen Ausrufesatz.	
Dieser Satz … enthält einen Nebensatz.	

2 Punkte

Aufgabe 14

a) Benenne im folgenden Aussagesatz das dritte und fünfte Satzglied.

In Detroit / regelte / im Januar 1919 / die erste elektrische Ampel / den Verkehr.

drittes Satzglied: _____   fünftes Satzglied: _____

b) Erfrage das Subjekt mit einem vollständigen Fragesatz.

_____

3 Punkte

Aufgabe 15

Im folgenden Satz wurden **vier** Grammatikfehler gemacht. Streiche die **vier** fehlerhaften Wörter eindeutig durch und verbessere sie auf der Zeile darunter.

Den alten Ampelmann wurde ein anderes Aussehen gegeben, wobei die Umrisse des Männchen
sich verändert haben, was dem kleinen Kerl nun viel moderner wirken lassen.

_____

4 Punkte

Aufgabe 16

Kreise die unterstrichenen Adjektive ein, die nicht sinnvoll gesteigert werden können.

Auf kreisrunden Flächen befinden sich die hellen Ampelfiguren. Wären diese vier wichtigen
Ampelsymbole farblos, würde man die kleinen Signale nur schlecht sehen und viele
Verkehrsteilnehmer wären schon tot.

3 Punkte

Aufgabe 17

Im folgenden Text wiederholt sich das Wort Ampel dreimal. Ersetze die unterstrichenen Wörter jeweils durch ein Pronomen. Verwende jedes Pronomen nur einmal.

Er kam mit seinem Auto an eine Ampel. Die Ampel zeigte Rot und er musste anhalten. Er wartete

_____

drei volle Stunden vor der Ampel, bis er begriff, dass die Ampel wohl defekt gewesen sein musste.

3 Punkte

Klasse 6, Deutsch, Schulaufgaben von bayerischen Realschulen

Jahrgangsstufentest

Lösung Aufgabe 1

3 Punkte

Aufgabe 1 a) – Korrekturhinweise:
→ Für jedes richtig gesetzte Kreuz gibt es einen Punkt.
→ Werden mehr als zwei Kreuze gesetzt, gibt es für die falsch gesetzten je einen Punkt Abzug.
→ Minimal gibt es null Punkte.

Lösung Aufgabe 1 b):

O	Ampelfrau – in jedem Land anders
O	Unterschiedliche Ampelsymbole in Deutschland
O	Die Erschaffung der Ampelfrau
X	Die Geschichte der Verkehrsampel

Lösung Aufgabe 2

6 Punkte

Aufgabe 2 a) – Korrekturhinweise:
→ Für jede richtig gesetzte Ziffer gibt es einen Punkt. Insgesamt gibt es vier Punkte.

1	Das Problem der gasbetriebenen Ampel
5	Der Entwurf des Ampelmännchens
2	Die erste Ampel mit elektrischen Lampen
4	Die erste Fußgängerampel in Deutschland
3	Die Ampel im Turm

Aufgabe 2 b) – Korrekturhinweise:
→ Für die dem Inhalt entsprechend formulierten Stichpunkte gibt es je einen Punkt, insgesamt gibt es zwei Punkte.
→ Auch andere als die angegebenen Lösungen sind denkbar.
→ Auch ganze Sätze gelten, wenn sie dem Inhalt entsprechend formuliert sind.

6 Das unterschiedliche Aussehen der Ampelsymbole
7 Die Entwicklung des Euromännchens / Das Euromännchen / Ein einheitliches Ampelsymbol für Europa / …

Lösung Aufgabe 3

3 Punkte

Aufgabe 3 – Korrekturhinweise:
→ Die richtige Nennung der Länder ergibt je einen Punkt.
→ Rechtschreib- und Grammatikfehler werden nicht gewertet.

Belgien ✈ Deutschland ☝ Kanada

Lösung Aufgabe 4

3 Punkte

Aufgabe 4 – Korrekturhinweise:
→ Jedes richtig gesetzte Kreuz ergibt einen Punkt.
→ Werden mehr als drei Kreuze gesetzt, gibt es dafür je einen Punkt Abzug.
→ Minimal gibt es null Punkte.

	richtig
Die Nährwertampel macht die Verbraucher darauf aufmerksam, wie viel Fett in einer 100-Gramm-Portion Schokoknabberflocken enthalten ist.	X
100 Gramm Schokoknabberflocken enthalten nicht nur Fette, gesättigte Fette, Zucker und Salz.	
500 Gramm Schokoknabberflocken enthalten 384 Kalorien.	
Ein 500-Gramm-Paket Schokoknabberflocken enthält insgesamt nur 3,5 Gramm Fett und ist deshalb ein gesundes Lebensmittel.	
Die Nährwerttabelle weist insbesondere darauf hin, dass Schokoknabberflocken schon sättigen, auch wenn man davon nur eine geringe Menge von 0,9 Gramm isst.	
Wer 100 Gramm von den Schokoknabberflocken isst, nimmt damit laut Nährwerttabelle 25 Gramm Zucker zu sich.	X

Lösung Aufgabe 5

2 Punkte

Aufgabe 5 – Korrekturhinweise:
→ Jede passend eingesetzte Nachsilbe ergibt einen Punkt.
→ Insgesamt gibt es zwei Punkte.
→ Rechtschreibfehler werden nicht gewertet.

... Er ist also ein schreckhafter Mensch.
... Sie war also nicht achtsam genug.

Lösung Aufgabe 6

5 Punkte

Aufgabe 6 – Korrekturhinweise:
→ Jeder richtig übersetzte Begriff ergibt einen Punkt.
→ Insgesamt gibt es fünf Punkte.

Ich stand gestern in der City an der Ampel und wartete, bis sie auf Grün umschaltete. Da sah ich Nina. Sie kam aus dem Shop, wo sie wohl Flyer verteilt hatte, denn sie hielt noch einen ganzen Stapel in der Hand. Irgendein Kerl führte gerade ein Interview mit ihr durch. Endlich zeigte die Ampel Grün, dann sprach ich sie an, um ein Date mit ihr auszumachen.

Innenstadt
Geschäft
Werbezettel
(eine) Befragung
(eine) Verabredung

Lösung Aufgabe 7

5 Punkte

Aufgabe 7 – Korrekturhinweise:
→ Jedes passende Verb (Zeitform unerheblich) ergibt einen Punkt.
→ Wird ein Verb wiederholt, gibt es dafür keinen Punkt.
→ Auch andere als die vorgeschlagenen Lösungen sind denkbar.
→ Rechtschreibfehler werden nicht gewertet.

Ein Mann sitzt am Steuer. Die Frau auf dem Beifahrersitz blickt ihn von der Seite an und meint/fragt (sagt): „Schatz?" – Er erwidert/antwortet (sagt) darauf: „Ja, Liebste?", woraufhin sie meint/entgegnet (sagt): „Die Ampel zeigt Grün." – „Oh, stimmt … ja …", antwortet/stottert (sagt) er. Sie erklärt/ruft (sagt): „Grün bedeutet, man darf fahren!" – „Ja, ja, ich fahre ja schon …"

Lösung Aufgabe 8

Aufgabe 8 – Korrekturhinweis:
→ Für jede richtige Zuordnung gibt es einen Punkt.

C Das fünfte Rad am Wagen sein   D Aus Schaden wird man klug.   A Außen hui, innen pfui

3 Punkte

Lösung Aufgabe 9 (von Legasthenikern nicht zu bearbeiten)

Aufgabe 9 – Korrekturhinweis:
→ Für jeden erkannten und korrekt verbesserten Fehler gibt es einen Punkt; erkannte Fehler mit falscher, unvollständiger bzw. fehlender Lösung ergeben keine Punkte.
→ Bei mehr als sechs Verbesserungen gibt es dafür je einen Punkt Abzug.
→ Insgesamt gibt es sechs, minimal null Punkte.

Hinter jeder Verkehrsampel verbirgt sich ein <u>computergesteuertes</u> System. Je größer die Kreuzung, desto schwieriger die Abläufe. Oft sind es die Fußgänger, die den Takt vorgeben. Als <u>langsamste</u> Verkehrsteilnehmer brauchen sie etwa zehn Sekunden, um eine <u>Fahrbahn</u> zu überqueren. Auf das grüne Signal folgt <u>stets</u> eine kurze Zeitspanne, während der damit es jeder noch nicht fahren dürfen, damit es jeder noch über die <u>Straße</u> schafft.

6 Punkte

Lösung Aufgabe 10 (von Legasthenikern nicht zu bearbeiten)

Aufgabe 10 – Korrekturhinweis:
→ Für jedes richtig gesetzte Satzzeichen gibt es einen Punkt.
→ Werden mehr als drei Satzzeichen gesetzt, gibt es dafür je einen Punkt Abzug.
→ Insgesamt gibt es drei, minimal null Punkte.

Was ist ┃ wenn die Ampelanlage einer Kreuzung ausfällt ┃? Dann regeln Verkehrszeichen die Situation. Verkehrsplaner fürchten jedoch ☐ besonders die Situation ┃ bei mehrere Ampeln gleichzeitig ☐ auf Grün umschalten ☐ und alle losfahren.

3 Punkte

Lösung Aufgabe 11 (von Legasthenikern nicht zu bearbeiten)

Aufgabe 11 – Korrekturhinweis:
→ Für jede richtig gefüllte Lücke gibt es einen Punkt.
→ Werden mehr als drei Lücken ergänzt, gibt es für jede zusätzlich falsch gefüllte Lücke einen Punkt Abzug.
→ Insgesamt gibt es drei, minimal null Punkte.

Über Verkehrserziehung hast du schon viel in der Grundschule gehört. Man lernt ziemlich viele Zeichen kennen. Dabei erfahren Schüler, wie man sich unsichtig verhalten muss.

3 Punkte

Lösung Aufgabe 12 (Korrekturhinweis)

Aufgabe 12 – Korrekturhinweis:
→ Für jeden richtig und eindeutig eingekreisten Buchstaben gibt es einen Punkt.

Lasst uns heute einen Ausflug ins t/(R)ote Kreuz b/h(ei)ne g/G)rüne unternehmen.
Das St/(ahl)Ge/lacht lacht von b/B lauen) Himmel.

Lösung Aufgabe 13

Aufgabe 13 – Korrekturhinweis:
→ Jedes richtig gesetzte Kreuz ergibt einen Punkt.
→ Werden mehr als zwei Kreuze gesetzt, gibt es dafür je einen Punkt Abzug.

Bei diesem Satz handelt es sich um …	… eine Satzreihe.	… ein Satzgefüge.	… enthält einen Nebensatz.	… um einen Ausrufesatz.
Dieser Satz		X		X

2 Punkte

Lösung Aufgabe 14

Aufgabe 14 – Korrekturhinweis:
→ a) Für die richtige Benennung der Satzglieder (deutsche oder lat. Bezeichnung) gibt es je einen Punkt. Insgesamt gibt es zwei Punkte.
→ b) Im Fragesatz muss mindestens enthalten sein: Fragepronomen, Prädikat, Akkusativobjekt. Rechtschreibfehler werden nicht gewertet.

a) In Detroit / regelte / Im Januar 1919 / die erste elektrische Ampel / den Verkehr.
Temporaladverbiale/Umstandsbestimmung der Zeit _ Akkusativobjekt/Ergänzung im 4. Fall

b) Wer oder was regelte (im Januar 1919) (in Detroit) den Verkehr?

3 Punkte

Lösung Aufgabe 15

Aufgabe 15 – Korrekturhinweis:
→ Für das Erkennen der Grammatikfehler und die korrekte Verbesserung gibt es je einen Punkt. Bei mehr als vier verbesserten Wörtern gibt es je einen Punkt Abzug.
→ Rechtschreibfehler werden nicht gewertet.

Den alten Ampelmann wurde ein anderes Aussehen gegeben, wobei die Umrisse des ~~Menschen~~ **Männchens** sich verändert haben, was dem kleinen Karl nun viel moderner wirken ~~lesen~~ **lässt**.
Den alten (ggf. auch zu tolerieren, dann: Bei mehr als fünf Verbesserungen je einen Punkt abziehen!)
Dem alten Ampelmännchen wurde ein anderes Aussehen gegeben, wobei die Umrisse des Männchens sich verändert haben, was dem kleinen ~~Kerl~~ **der kleinen Kerle** nun viel moderner wirken lässt.

4 Punkte

Lösung Aufgabe 16

Aufgabe 16 – Korrekturhinweis:
→ Jedes richtig erkannte Adjektiv ergibt einen Punkt.
→ Werden mehr als drei Adjektive eingekreist, gibt es dafür je einen Punkt Abzug.
→ Insgesamt gibt es drei, minimal null Punkte.

Auf (runden) Flächen befinden sich die (hellen) Ampelfiguren. Wären diese (wichtig) Ampelsymbole (farblos), würde man die (kleinen) Signale nur (schlecht) sehen und viele Verkehrsteilnehmer wären schon (tot).

3 Punkte

Lösung Aufgabe 17

Aufgabe 17 – Korrekturhinweis:
→ Jedes richtig eingekreiste Pronomen ergibt einen Punkt.
→ Werden mehr als drei Pronomen mehr als einmal verwendet, gibt es für das zusätzlich eingesetzte Pronomen keinen Punkt.
→ Rechtschreibfehler werden nicht gewertet.

Er kam mit seinem Auto an eine Ampel. Sie/Diese zeigte Rot und er musste anhalten. Er wartete drei volle Stunden vor ihr, bis er begriff, dass sie/diese wohl defekt gewesen sein musste.

Tipps und Hinweise zum Jahrgangsstufentext Deutsch 6. Klasse Realschule 2012

Aufgabe 1: a) In dieser Aufgabe gilt es eine passende Überschrift für den Text zu finden. Denke daran: Eine Überschrift passt zum gesamten Text. Vorschlag Nr. 3 „Die Erschaffung der Ampelfrau" passt also nicht. Im Text wird zwar die Ampelfrau in Deutschland erwähnt der Text handelt aber nicht davon. Er handelt vielmehr von der gesamten Geschichte der Verkehrsampel. Deshalb ist Antwort 4 richtig.
b) Achtung, hier musst du genau lesen was gefragt ist. Die meisten dieser Städte kommen im Text vor, aber es geht darum, welche Städte bei der Entwicklung hervorstachen. Lies also genau nach.

Aufgabe 2: a) Hier sollst du quasi die „Überschriften" für die einzelnen Absätze finden. Falls du dir nicht sicher bist, lies jeden Abschnitt nacheinander kurz durch und überlege dann, welche Überschrift passt.
b) Überlege dir eine kurze, prägnante und passende Überschrift für die beiden Abschnitte. Es ist wichtig, dass du dabei auf den Inhalt des jeweiligen Abschnitts eingehst.
Weitere Vorschläge:
Abschnitt 6: Die unterschiedlichen Ampelfiguren in verschiedenen Ländern;
Das abwechslungsreiche Aussehen der Ampelfiguren weltweit
Abschnitt 7: Europas einheitliches Ampelsymbol; Ein Ampelmännchen für alle in Europa;
Das neue Euromännchen

Aufgabe 3: Hier musst du im Text lediglich Abschnitt 6 genau lesen, um die Ampelmännchen den Ländern zuzuordnen.

Aufgabe 4: Achtung! Hier ist es wichtig, dass du bemerkst, dass die Angaben der Nährwerttabelle sich auf jeweils 100g beziehen. Aussage 3 und 4 sind somit falsch, da sie behaupten die Angaben wären für 500g. Aussage 5 ist ebenfalls falsch, da die gesättigten Fette nichts damit zu tun haben, ob das Produkt sättigend ist oder nicht.

Aufgabe 5: Unterschiedliche Nachsilben haben unterschiedliche Bedeutungen:
Ein schrecklicher Mensch ist nicht dasselbe wie ein schreckhafter Mensch. Du musst den Sinn des Satzes beachten, um die richtige Silbe zu wählen.

Aufgabe 6: Falls du hier einen Begriff nicht übersetzen kannst, gehe erstmal weiter zum nächsten. Wenn du die Begriffe, die du aus dem Kasten schon benutzt hast, durchstreichst, kannst du am Ende durch das Ausschlussprinzip die letzten Begriffe vergeben. (Falls du also z.B. nicht weißt, was Interview auf Deutsch heißt und alle anderen Begriffe zuordnen konntest, kannst du im Kasten sehen, dass nur noch „Befragung" übrig ist und so auch den letzten Begriff zuordnen.)

Aufgabe 7: Hier geht es um die Wortfamilie von „sagen". Überlege dir, welche verwandten Worte du kennst. Falls es dir hilft, kannst du dir auch erst auf einem Schmierzettel eine kleine Liste machen und dann daraus die passenden Worte aussuchen:

sagen – meinen – rufen – antworten – fragen – entgegen – stottern – stammeln – entgegnen – erklären – erwidern...

Aufgabe 8: Auch hier ist es wieder sehr wichtig gut zu lesen. Aussage „Außen hui, innen pfui" passt beispielsweise nur auf Satz A. Satz B würde passen, wenn die Aussage gedreht wäre: „Innen hui, außen pfui". Du musst also einfach gut aufpassen.

Klasse 6, Deutsch, Schulaufgaben von bayerischen Realschulen

Aufgabe 9: Hier gibt es unterschiedliche Fehler: zum Teil sind es Rechtschreibfehler, die entstanden sind, weil Worte so geschrieben wurden wie man sie spricht, oder ein großgeschriebenes Adjektiv. Wichtig ist, dass du genau liest. Falls du dir nicht sicher bist, kannst du versuchen z.B. herauszufinden, wie man den Infinitiv von einem Wort schreibt (z.B. bei *verbirgt – verbergen* → mit g also verbirgt auch mit g).

Aufgabe 10: Denke daran nur 3 Satzzeichen zu machen!

Aufgabe 11: Hier geht es um die richtige Rechtschreibung von einzelnen Wörtern. Falls du dir nicht sicher bist wie man ein Wort schreibt, kannst du z.B. nach verwandten Wörtern schauen (*erfahren* → *Erfahrung*).

Aufgabe 12: Bei dieser Aufgabe hast du die Regeln, die dir helfen sie zu bearbeiten. Wenn du diese beachtest, wirst du die Lösungen richtig wählen.

Aufgabe 13: Der Hinweis, dass nicht mehr als zwei Kreuze gesetzt werden dürfen und der Fakt, dass es zwei Punkte gibt, deuten darauf hin, dass du genau zwei Kreuze setzen musst.

Aufgabe 14: Um das Satzglied zu benennen, kannst du dir auch die jeweiligen Fragen zunutze machen.

Aufgabe 15: Auch hier wird genau angegeben, um wie viele Fehler es sich handelt. Es kann helfen, den Satz leise vor dich hin zu murmeln, dabei wird dir vielleicht der ein oder andere Fehler auffallen.

Aufgabe 16: Überlege dir hier genau, wenn etwas rund ist, kann es z.B. noch runder oder weniger rund sein? Oder jemand der tot ist, kann nicht noch mehr oder weniger tot sein, es sind Zustände, die man nicht steigern kann.

Aufgabe 17: Achtung! Du darfst hier jedes Pronomen nur einmal verwenden. Nutzt du sie also z.B. im ersten Satz, kannst du dies im zweiten nicht mehr tun.

1. Schulaufgabe – Reizwortgeschichte

Name: _____

Verfasse zu einer der folgenden Reizwortgruppen eine spannende Erlebniserzählung. Schreibe als Ich-Erzähler aus der Sicht einer unmittelbar am Geschehen beteiligten Person. Wähle eine treffende Überschrift für deine Geschichte aus. (Die Reizwörter kannst du in beliebiger Reihenfolge kombinieren!)

Thema 1:

Museum – Brief – Welpen

Thema 2:

Meer – Flaschenpost – Sturm

Viel Erfolg!

Von 64 Punkten hast du ___ Punkte erreicht.

Note: ___

Lösung: 1. Schulaufgabe – Reizwortgeschichte

Thema 1: *Eine riesige Überraschung*

An einem ganz normalen Samstagvormittag ging ich, wie üblich, ins Kunstmuseum. Ich liebte unser kleines Museum und kannte jede Ecke des Gebäudes und sämtliche Kunstwerke darin auswendig. Eigentlich mag ich Kunst gar nicht besonders, aber im Museum war immer etwas los. So auch an diesem Samstagvormittag. Als ich ankam, grüßte mich Karl, der Pförtner, freudig. Ich musste meine Jahreskarte nie vorzeigen, denn jeder hier kannte mich. Ich schlenderte also an der Cafeteria vorbei in den Vorraum. Dort setzte ich mich zunächst, wie bei jedem Besuch, auf die große Lederbank in der Mitte des Raumes und beobachte das Geschehen um mich. Es waren nur mäßig viele Besucher anwesend, vielleicht weil die Ferien bereits begonnen hatten und viele verreist waren, vielleicht aber auch weil draußen gutes Wetter war. Nachdem ich durch die Galerie geschlendert war, machte ich einen Stopp auf dem großen Balkon. Dieser überblickt den Garten des Gebäudes, in dem ein Künstler jährlich neue Buchskreationen gestaltete. Als ich mich gerade umdrehen wollte, um zu gehen, hörte ich lautes Gekläffe. Ich wunderte mich und suchte nach den Hunden, die sich dahinter versteckten. Und dann sah ich sie, sieben kleine Welpen, die aufgeregt im Garten umherrannten. Ich lief sofort nach unten und hinaus in den Museumsgarten, um die Welpen genauer zu betrachten. Oh waren sie süß! Sie umringten mich und ich wusste gar nicht wohin ich schauen sollte. Da bemerkte ich, dass ein Welpe etwas um den Hals trug. Es sah nach einer Schriftrolle aus. Ich lockte ihn auf meinen Schoß und nahm das Papier von seinem Hals. Ich öffnete es und sah, dass mein Name darauf stand. Es war ein Brief. Nanu, für mich? Ich sah mich um. Wer hatte diesen Brief an den Hals des Welpen gebunden? Ich war verdutzt. Ich las den Brief. „Komm zur Pforte, dort gibt es eine Überraschung für dich." Ich lief mit klopfendem Herzen zur Pforte. Ich war richtig außer Atem, als ich dort ankam. Karl lachte und winkte mich zu sich. „Na Marie, hast du die Nachricht gefunden?" „Ja, Karl, ist sie von dir?", fragte ich aufgeregt. Da holte Karl einen großen Strauß bunter Wildblumen unter seinem Tisch hervor und streckte ihn mir entgegen. „Liebe Marie, du bist in diesem Jahr unsere Ehrenbesucherin. Das heißt, dass du beim Empfang nächste Woche vom Museumsdirektor geehrt wirst und eine Anstecknadel sowie kostenlosen Eintritt für die nächsten drei Jahre bekommst." Mein Mund stand offen, ich wusste nicht, was ich sagen sollte und so fiel ich Karl einfach in die Arme. Was für eine große Freude und Ehre, dass ich die neue Ehrenbesucherin war! Damit hatte ich wirklich nicht gerechnet.

Thema 2: *Flaschenpost im stürmischem Meer*

Letzten Sommer verbrachte meine Familie den Jahresurlaub in Italien am Meer. Am ersten Tag des Urlaubs war es recht kühl und da ich nicht aufpasste, holte ich mir einen fiesen Schnupfen. So konnte ich leider nicht im Meer schwimmen, da meine Mutter strikt dagegen war. Sie hatte Angst, dass meine Erkältung nur schlimmer werden würde. Schwimmen war aber genau das, worauf ich mich am meisten gefreut hatte. Meine Mutter versprach mir, in der zweiten Woche, wenn es mir besser ginge, dürfe ich schwimmen. So verbrachte ich die Tage damit durch das Örtchen zu schlendern, mir alte Kirchen anzusehen, Pizza und Pasta zu essen und am Strand zu lesen. Es war eine schöne Zeit, doch die Erkältung wurde nur schleppend besser. Am vorletzten Tag sagte meine Mutter: „ Morgen kannst du ins Wasser, dann hast du wenigstens einen Tag mit Schwimmen verbracht." Ich war so glücklich, denn ich hatte schon Angst gehabt gar nichts vom Meer zu haben. Am nächsten Morgen machte ich mich ganz früh auf zum Strand. Ich hatte meine Badesachen, Handtuch, Sonnencreme und Sonnenhut mit im Gepäck und war voller Freude. Als ich am Wasser ankam, war ich so euphorisch, dass ich direkt hineinrannte. Es war herrlich,

dieses wunderbare Gefühl im weiten Meer zu schwimmen. Ich hatte vor lauter Freude die dunklen, pechschwarzen Gewitterwolken völlig ausgeblendet und als meine Mutter wenige Minuten später am Strand stand und mir zubrüllte, dass ich schleunigst aus dem Wasser solle, wusste ich gar nicht wie mir geschah. Doch da kam sehr plötzlich ein furchtbarer Sturm auf. Das Meer tobte und brauste und meterhohe Wellen brachen sich ohrenbetäubend am Strand. Es war ein Schauspiel, das ich so noch nie gesehen hatte. Ich war traurig und verärgert, denn ausgerechnet am heutigen, letzten Urlaubstag musste so ein Unwetter einbrechen. Ich war nur wenige Minuten im Meer gewesen. Ich verkroch mich in mein Zimmer und wollte mit meinem Frust alleine sein, doch als das Unwetter nachließ und der Himmel aufklarte, klopfte meine Mutter an meiner Türe und fragte, ob ich mit auf einen Spaziergang am Strand gehen würde. Ich willigte ein und wir schlenderten am Strand entlang.
Da passierte etwas sehr besonderes. Mitten am Strand, direkt vor meinen Füßen lag plötzlich eine Flaschenpost. Ich hob sie auf, betrachtete sie und öffnete die Flasche. Tatsächlich war ein richtiger Brief darin. Er war von einem Jungen aus Belgien, der diesen während seines Urlaubs ins Meer geworfen hatte. Im Brief stand auch seine Adresse. Ich freute mich so sehr und fing gleich an ihm einen Brief zu schreiben. So hatte mir das Meer doch noch Freude bereitet, auch wenn ich in diesem Urlaub nicht darin schwimmen konnte.

Tipps und Hinweise
Bei einer Reizworterzählung gelten prinzipiell dieselben Regeln wie bei einer normalen Erlebniserzählung. Wichtig ist nur zu beachten, dass du alle Reizwörter in deine Geschichte einfließen lässt. Dabei ist es nicht entscheidend, dass sie in der angegebenen Reihenfolge erscheinen

Tipps und Hinweise
Es gibt viele sprachliche Mittel, die du verwenden kannst, um deine **Erzählung** auszuschmücken und spannend und anschaulich zu machen. Hier sind einige Beispiele:
- **Anschauliche Verben**: Anstelle der Verben sagen, denken oder gehen kannst du alternative passende Verben nutzen: z.B. *flüstern, rufen, murmeln, schreien, erzählen, betonen... für sagen* oder *schlendern, schleichen, rennen, hasten, trampeln, schreiten... für gehen*.
- **Treffende Adjektive**: Mache deine Erzählung durch treffende Adjektive anschaulich. Diese können z.B. sein: *Nervös schaute ich mich um. Lautlos schlich ich den Gang entlang. Aufgeregt öffnete ich die Türe.*
- **Gefühle und Gedanken**: Teile die Gefühle und Gedanken der Personen deiner Erzählung durch wörtliche Rede oder durch Bilder mit: z.B. *„Ob das wohl gut gehen wird?", fragte ich mich ängstlich. / Mir fiel ein Stein vom Herzen.*
- **Sinneseindrücke**: Um die Geschichte besonders anschaulich zu machen, kannst du Sinneseindrücke wie Geräusche, Farben, Gerüche schildern: z.B. *In ihrem bunten Zimmer roch es nach frischen Blumen. Leise Musik tönte aus dem CD-Player aus der Zimmerecke.*

Das muss ich wissen
Wenn du eine **Erzählung** schreibst, achte darauf, dass sie spannend, packend und anschaulich ist. Das erreichst du so:
- Wähle eine **Überschrift**, die Neugierde weckt.
- Erzähle nur von **einem Ereignis**.
- Gliedere deine Erzählung in die drei Teile: Einleitung, Hauptteil, Schluss.
  - **Einleitung**: informiert über die Hauptpersonen, Zeit und Ort des Geschehens.
  - **Hauptteil**: spannend, anschaulich und mit einer logischen Reihenfolge hin zum Höhepunkt. Was? Wie? Warum? Und mit welchen Folgen?
  - **Schluss**: ist eine Zusammenfassung mit evtl. Rückblick.
- Schreibe im **Präteritum** (1. Vergangenheit).
- Den Höhepunkt der Erzählung schreibst du im **szenischen Präsens**.
- Verwende die **direkte Rede**, wenn es sinnvoll ist.
- Achte darauf deine **Satzanfänge** abwechslungsreich zu wählen.
- Nutze **treffende Adjektive** und **ausdrucksstarke Verben**.
- Oftmals eignet sich die **Ich-Form** sehr gut für **Erzählungen**.
- Die **Innere Handlung** umfasst, was die Hauptperson(en) alles denken, fühlen, hören, sehen und spüren.

1. Schulaufgabe – Unfallbericht nach Zeugenaussagen

Name: _____

Aufgabe

1. Fertige anhand der folgenden Gesprächsausschnitte einen <u>sachlichen</u> Bericht über den hier dargestellten Unfall an.
2. Ordne dabei die <u>wesentlichen</u> Informationen, sodass daraus der Ablauf des Unfalls klar hervorgeht!
3. Beachte die im Unterricht besprochenen Regeln!

Zeugenaussagen

<u>Hannelore Giebel</u>
„Ich habe wie jeden Mittwochnachmittag mit unserem BMW-Kombi die Lisa von der Schule abgeholt. Sie hat immer bis zehn nach drei Unterricht; dieses Mal waren wir ein wenig spät dran, da der Lisa kurz vor der Haustüre von Frau Tastenschön einfiel, dass sie ihre Noten zu Hause vergessen hat. Jetzt war es schon zehn vor halb vier. Wir machten also kehrt und fuhren mit so 50 km/h, vielleicht war es auch ein bisschen schneller, geradeaus die Gebsattelstraße Richtung Maria-Hilf-Platz hinunter.

<u>Elisabeth Giebel, Schülerin (13)</u>
„Ich hatte mich wie immer hinten ins Auto gesetzt und erzählte gerade von meiner Drei in der Englischschulaufgabe, als ich plötzlich merkte, wie wir anfingen, den Berg hinunterzurutschen. Vor uns war dieser Laster. Mami hat noch geschrien: „Pass auf!", aber da hat es schon gekracht. Ich wurde sofort nach vorne gerissen. Wenn ich mich doch bloß angegurtet hätte! Sonst mach' ich das immer, aber heute hab' ich's vergessen, oder es war keine Zeit, ich weiß nicht mehr."

<u>Hannelore Giebel</u>
„Sie rutschte über die Lehne des Beifahrersitzes nach vorne und knallte mit dem Kopf auf das Armaturenbrett. Vom Rücksitz aus! Bin ich erschrocken! Aber Gott sei Dank hat sie nur eine Platzwunde auf der Stirn und starke Kopfschmerzen. Ihre Brille ist natürlich auch kaputt. Mir selbst ist nichts passiert, aber mir zittern jetzt noch die Knie."

<u>Markus Spät</u>
„Bei dem Glatteis hätten Sie viel langsamer fahren müssen! Es ist ja kein Wunder, dass Sie Ihr Auto nicht rechtzeitig zum Stehen bringen konnten! Mit dem Mädchen hinten im Auto ist das wirklich unverantwortlich! Und ich kann jetzt wegen diesem blöden Unfall die Möbel nicht rechtzeitig liefern, der 17. Dezember 2015 ist allerletzter Termin, und das ist morgen! Das wird Ärger geben! Wenigstens hat mein Laster den Zusammenprall bis auf die Delle vorne links über dem Vorderrad überstanden."

<u>Polizist</u>
Frau Giebel, wie kam es denn nun genau zu dem Zusammenstoß?"

Hannelore Giebel

„Es stimmt schon, dass ich nicht so schnell hätte fahren dürfen, aber ich wollte doch Lisa noch rechtzeitig zur Klavierstunde bringen, die um halb vier losgeht, oben bei der Frau Tastenschön in Haidhausen! Wir fuhren also wieder den Berg hinunter, um die vergessenen Noten zu holen, und so zehn Meter vor der Kreuzung mit der Lilienstraße habe ich gebremst, um zu schauen, ob auch niemand von rechts kommt, denn da gilt ja rechts vor links. Als ich den Fiat-Laster gesehen habe, bin ich noch stärker auf die Bremse getreten, doch mein Wagen ist einfach weitergerutscht und landete mit dem Vorderteil genau auf seinem linken Vorderrad. Der BMW ist vorne völlig eingedrückt. Aber den kann man ja wieder reparieren. Wenn nur das mit der Lisa nicht passiert wäre!"

Notärztin

„Wir bringen Elisabeth ins Krankenhaus und nähen die Wunde ambulant, dann kann sie heute Abend wieder nach Hause."

 **Viel Erfolg!**

Von 64 Punkten hast du ___ Punkte erreicht.

Note: ___

Lösung: 1. Schulaufgabe – Unfallbericht nach Zeugenaussagen

Unkontrolliertes Fahren im Nachmittagsverkehr

Am Mittwoch, den 16.12.2015 ereignete sich um 15.20 Uhr in München auf der Kreuzung Lilienstraße Gebsattelstraße ein Unfall zwischen einem PKW und einem Lastwagen.   A

Die 13-jährige Elisabeth G. befand sich mit ihrer Mutter in deren BMW, auf dem Weg nach Hause, als sie die glatte Gebsattelstraße entlangfuhren. Markus S. kam zur gleichen Zeit mit seinem LKW die Lilienstraße angefahren. Hannelore G., welche sehr in Eile war, fuhr mit ihrer Tochter Elisabeth G. trotz der glatten Straße mit erhöhter Geschwindigkeit in die Kreuzung Lilienstraße Gebsattelstraße ein. An der Kreuzung missachtete Frau G. die Rechts-vor-links-Straßenverkehrsregelung. Obwohl die PKW-Fahrerin stark bremste, stieß sie in den Fiat-Laster von Markus S. hinein. Durch den Zusammenstoß der beiden Fahrzeuge, rutschte die nicht angeschnallte Schülerin Elisabeth G. über die Lehne des Beifahrersitzes und schlug ihren Kopf auf dem Armaturenbrett auf.   B

Elisabeth G. wurde in das umliegende Krankenhaus eingeliefert. Sie erlitt eine Platzwunde am Kopf und wurde ambulant operiert. An beiden Fahrzeugen entstand Sachschaden.   C

Tipps und Hinweise
Wenn du einen **Bericht** verfasst, achte darauf, dass du alle **W-Fragen** beantwortest. Am besten du notierst sie dir auf einem Schmierpapier und antwortest in Stichworten. Deine Antworten helfen dir dann beim Verfassen des Berichts.
W-Fragen

Wer?	*Wann?*
Was?	*Wo?*
Wie und warum?	*Welche Folgen?*

Tipps und Hinweise
In deinem Bericht informierst du über etwas, das vergangen ist. Als Zeitform wird also das **Präteritum** verwendet.
Kurz zur Erinnerung: Das Präteritum wird so gebildet:

– Wortstamm mit der Endung -te z.B. *fragen* → *frag-te*
– Wortstamm mit verändertem Stammvokal z.B. *sehen* → *sah*
– Wortstamm mit verändertem Stammvokal und Endsilbe -te z.B. *kennen* → *kann-te*

Vorzeitigkeit: Wenn du von einem Ereignis berichten musst, das sich vor einem anderen abgespielt hat, verwendest du das **Plusquamperfekt**, um dieses vorzeitige Ereignis darzustellen.

Nachdem Sabine auf den Kopf gefallen war, blieb sie regungslos liegen.

Nachdem und *bevor* sind Beispiele für **Signalwörter für die Vorzeitigkeit**.

Lösung: Schulaufgabe 1.2

Tipps und Hinweise
Um Zusammenhänge deutlich zu machen, kannst du sogenannte **Verknüpfungswörter** benutzen. Einige Beispiele sind:
Weil, also, deshalb, außerdem, schließlich, zudem, daher, folglich, denn, dadurch, demnach, in der Folge, als, später, obwohl, sondern, aber, zuletzt, zuerst, nach, während, sofort...

Das muss ich wissen
Wenn du einen **Bericht** schreibst, musst du auf Folgendes achten:
Ein Bericht informiert knapp, aber genau über ein **Ereignis**.
- Alle **W-Fragen** werden beantwortet. *Wer? Was? Wo? Wann? Warum? Wie?*
- **Einleitung**: Hier informierst du kurz worum es geht: *Wer? Was? Wann? Wo?*
- **Hauptteil**: Der Ablauf des Ereignisses wird in der richtigen Reihenfolge dargestellt: *Wie? Warum?*
- **Schluss**: Informiere über die Folgen des Ereignisses: *Welche Folgen?*
- Der Schreibstil ist **sachlich** und nüchtern.
- Du berichtest nur über Tatsachen.
- Vermeide ausschmückende Sprache ebenso wie Umgangssprache.
- Ein Bericht bezieht sich auf Fakten und **Aussagen von Zeugen**.
- Zeit: 1. Vergangenheit (**Präteritum**).

2. Schulaufgabe – Sachlicher Brief

Name: _____

Die Schüler_innen AG „Schulgarten" der Franz-Ferdinand-Gesamtschule in Musterhausen möchte, dass die Schule einen Schulgarten erhält. Deshalb versucht die AG die Schulleiterin, Frau Helmfried, von der Idee zu überzeugen.

Im Namen der AG Schulgarten schreibst du einen Brief an die Schulleiterin, in dem du euren Wunsch vorträgst und begründest!

Viel Erfolg!

Von 64 Punkten hast du ___ Punkte erreicht.

Note: __

Lösung: 2. Schulaufgabe – Sachlicher Brief

Maxime Musterfrau
Musterstr. 17
12345 Musterstadt

An:
Franz-Ferdinand-Gesamtschule
Frau Helmfried
Schulstr. 1
12345 Musterstadt

Musterstadt, 17. April 2016

Anfrage wegen Gestaltung eines Schulgartens

Sehr geehrte Frau Helmfried,

ich wende mich heute an Sie im Namen der Schüler_innen der AG „Schulgarten" mit der Bitte um Genehmigung für die Gestaltung eines Schulgartens auf dem hinteren Pausenhofgelände. Wir sehen großes Potential in einem Schulgarten, da in diesem Schüler_innen und Lehrer_innen gemeinsam über Botanik und Kräuterkunde lernen können. Wir finden es wichtig den Schüler_innen Raum für ihre Kreativität und Neugierde zu geben und möchten mit dem Schulgarten Menschen einladen sich mit dem Anbau von Kräutern und Gemüse zu beschäftigen. Unser Wunsch ist es außerdem, dass in der Schulküche die angebauten Kräuter zum Kochen genutzt werden können. Somit haben alle etwas von unserem Schulgarten.
Wir bitten Sie also unseren Wunsch zu erhören, damit wir zusammen mit Herrn Meier und unserem Hausmeister noch diesen Monat die ersten Beete anlegen können.
Vielen Dank für Ihre Bemühungen und Ihr großes Engagement. Falls Sie noch konkrete Fragen zur Umsetzung haben, können Sie sich an uns wenden oder zu unserem nächsten Gruppentreffen am Mittwoch, 19.4.2016 im Raum 102 kommen.

Mit freundlichen Grüßen

Maxime Musterfrau

Tipps und Hinweise
Für den inhaltlichen Aufbau deines Briefes kannst du diese Tipps beachten:
- **Einleitung**: Benenne dein Anliegen kurz und knapp, damit der Empfänger weiß, worum es geht.
- **Hauptteil**: Nenne und begründe dein Anliegen, damit der Empfänger weiß, warum er ihm nachgehen sollte.
- **Schluss**: Fasse deinen Wunsch noch einmal kurz zusammen. Hier kannst du auch um Antwort bitten oder für das Verständnis danken.

Tipps und Hinweise
Für den äußeren Aufbau gibt es auch einiges zu beachten:
1. Absender
2. Empfänger
3. Ort und Datum
4. Betreff
5. Anrede

   Einleitung
   Hauptteil
   Schluss

6. Grußformel
7. Unterschrift

Das muss ich wissen
Wenn du einen **sachlichen Brief** schreibst, achte auf folgende Dinge:
- Achte auf alle Bausteine, die den äußeren Aufbau betreffen: Absender, Empfänger, Ort und Datum, Betreff, Anrede, Grußformel.
- Dein Betreff muss auf den Punkt gebracht sein.
- Nach der Anrede fügst du ein Komma ein.
- Nach dem Ort (vor dem Datum) ebenfalls.
- In der Einleitung wird dein Anliegen kurz und knapp benannt.
- Im Hauptteil begründest du dein Anliegen überzeugend.
- Im Schlussteil fasst du es kurz zusammen und sprichst den Empfänger nochmals direkt an (z.B. durch Bedanken oder Bitte um Antwort).
- Der Briefanfang wird kleingeschrieben.
- Die Anredepronomen der Höflichkeitsform *Sie*, *Ihr*, *Ihre* sind großgeschrieben.
- Du formulierst knapp und sachlich und lässt die wörtliche Rede weg.
- Die Unterschrift ist mit Vor- und Nachnamen vollständig.

2. Schulaufgabe – Sachtext

Name: _____

Fasse folgenden Sachtext zusammen und gehe im Schlussteil darauf ein, welche Meinung du zum Text hast. Begründe knapp!

Ägypten – Pyramiden am Nil

Entlang des Nils zieht sich ein schmaler Streifen fruchtbaren Landes. Der Rest von Ägypten ist Wüste. Doch dieser grüne Streifen war genug, um dort eine der ersten großen Kulturen der Menschheit entstehen zu lassen: das Alte Ägypten.

Vor 5.000 Jahren vereinigten sich die beiden Länder Unterägypten und Oberägypten. Durch diese Vereinigung der zuvor unabhängigen Länder entstand eine Nation, die den europäischen Völkern weit überlegen war. Die Ägypter wohnten in Städten, sie entwickelten eine Schrift, sie gossen Metall und stellten Kunstwerke aus Gold und Edelsteinen her. Sie errichteten Pyramiden und sammelten Wissen über die Sterne und die Natur, wie es sonst kein Mensch auf der Welt hatte. Woher dieses Wissen kam und warum ausgerechnet die Ägypter eine solche Entwicklung erlebten, ist unbekannt.

<u>Pharaonen – Könige Ägyptens</u>
Den Ägyptischen Staat führten die Pharaonen. Sie waren aber nicht nur Könige, sie wurden von den Ägyptern sogar als Götter verehrt und nach ihrem Tode höchst prunkvoll beerdigt. Die Ägypter glaubten an ein Leben nach dem Tod und dass der tote Mensch seinen Körper noch einmal benötigen würde.

<u>Die Pyramiden: Grabstätte für Pharaonen</u>
In den berühmtesten Gräbern, den Pyramiden, wurden keine Mumien gefunden. Wahrscheinlich sind Grabräuber in die Pyramiden eingedrungen und habe die Schätze geklaut.
Die Pyramiden von Gizeh sind die berühmtesten Überbleibsel des Pharaonenreiches. Die Pyramiden beweisen, dass die Ägypter damals tonnenschwere Steinblöcke so genau aufeinanderschichten konnten, dass in die Ritzen zwischen den einzelnen Blöcken nicht einmal mehr die Klinge eines Taschenmessers passte. Außerdem befinden sich im Inneren der Pyramiden Kammern und Gänge, die die Jahrtausende ohne die geringste Beschädigung überstanden haben. Fast unglaublich: denn die alten Ägypter hatten damals noch nicht einmal eiserne Werkzeuge, mit denen sie die Steinblöcke hätten bearbeiten können. Ihre Beile, Hämmer und Meißel waren aus Kupfer oder Stein.
Ziemlich genau 4.500 Jahre ist es her, dass Pharao Cheops den Befehl gab, eine Pyramide zu bauen. Cheops war nicht der erste Pharao, der auf die Idee kam, eine Pyramide errichten zu lassen. Auch andere Pharaonen vor ihm wollten auf diese Weise beerdigt werden. Aber Cheops wollte die größte aller Pyramiden, und tatsächlich gelang es seinen Baumeistern, dieses Wunder zu vollbringen: 147 Meter hoch wurde sie und der Platz, auf dem sie steht, ist so groß wie neun Fußballfelder. Ein gigantisch großes Grabmal.

Wie wurden die Pyramiden gebaut?

Ungelöst bleibt die Frage, wie die Pyramiden gebaut wurden. Die verschiedensten Vermutungen wurden und werden angestellt. Die Steine könnten zum Beispiel von Hunderttausenden von Sklaven über lange Rampen herangeschleppt und dann aufeinandergetürmt worden sein. Diese Rampe hätte aber so groß sein müssen, dass für die Pyramide keine Steine mehr übriggeblieben wären. Und aus einem anderen Material als aus Stein hätte die Rampe nicht sein können. Sonst wäre sie nicht fest genug gewesen für den Transport von vielen Millionen Steinen, die so schwer und so unhandlich waren wie ein mit Beton gefülltes Auto – ohne Räder.

Inzwischen glauben viele Forscher, dass die Ägypter die Steinblöcke mit Flaschenzügen an der Seite der Pyramide hochgezogen haben. Zu diesem Zweck hätten sie eine hölzerne Rutschbahn und eine große Winde gehabt, die es vier Männern ermöglicht habe, die Steine nach oben zu ziehen. So hätten sie sich stufenweise nach oben gemauert. War eine Ebene fertig, mussten sie nur die Rutschbahn verlängern und die Winde eine Stufe nach oben transportieren, schon konnten sie weitermachen.

Wenn eine Pyramide in vielen Stufen bis zur Spitze fertig war, fehlte noch die Verkleidung, die aus kleineren Steinen bestand. Oben an der Spitze beginnend, fügten die Maurer Stein an Stein und als sie unten angekommen waren, war die Außenseite der Pyramide so glatt und steil, dass selbst der beste Kletterer an ihr nicht mehr hätte hochklettern können.

Diese Verkleidungssteine sind zum großen Teil nicht mehr da. Sie fielen allerdings nicht von selbst herunter, sondern wurden immer wieder von dort weggeholt, um andere Gebäude damit zu errichten. So als wären die Pyramiden Steinbrüche, bei denen sich jeder bedienen kann. Das ist inzwischen streng verboten und da die Pyramiden bereits 4.500 Jahre lang die Sandstürme der Wüste, mehrere Erdbeben und die Steinräuber überstanden haben, werden sie wohl auch noch in Zukunft ihre Geheimnisse für sich behalten.

Cleopatra – letzte Herrscherin im Alten Ägypten

Ägypten war sehr lange Zeit das mächtigste und reichste Land der Erde. Es überstand zahlreiche Eroberungen, Kriege und Fremdherrschaften, verlor aber doch nach und nach an Macht und Einfluss.

Nachdem die letzte ägyptische Herrscherin Cleopatra 30 vor Christus, also 3.000 Jahre nach der ersten Pharaonendynastie, an einem Schlangenbiss gestorben war, machte der römische Kaiser Augustus Ägypten zu einem Teil seines Reiches.

Und damit war die Geschichte des Alten Ägyptens endgültig zu Ende.

Von Bernhard Schulz und Katharina Mutz 31.05.2016

Quelle: BR-Online: Wissens Lexikon
http://www.br-online.de/kinder/fragen-verstehen/wissen/2005/00942/

 **Viel Erfolg!**

Von 64 Punkten hast du ___ Punkte erreicht.

Note: __

Lösung: 2. Schulaufgabe – Sachtext

„Ägypten – Pyramiden am Nil" ist ein Sachtext, der im Jahr 2016 im Wissenslexikon des BR-Online erschien und von Bernhard Schulz und Katharina Mutz verfasst wurde. Im Artikel erfahren die Leser über das Alte Ägypten, die Pharaonen und den Bau der Pyramiden.

Vor 5000 Jahren entsteht das Alte Ägypten, das tausende Jahre später nach dem Tod der Cleopatra 30 v. Christus vom römischen Kaiser Augustus zu seinem Reich gemacht wird. Die Ägypter sind damals Menschen, die sehr fortgeschritten sind: Sie entwickeln eine Schrift, sammeln Wissen und errichten Pyramiden. Angeführt werden sie von ihren Königen, den Pharaonen. Diese werden als Götter verehrt und nach dem Tod in eigens für sie errichteten Pyramiden beerdigt. Die berühmteste Pyramide ist die Pyramide von Gizeh. Die größte Pyramide ist so groß, dass sie auf neun Fußballfelder passt. Pharao Cheops gibt sie in Auftrag. Der Bau ist höchst kompliziert und es ist nicht ganz genau bekannt wie die Ägypter dabei vorgehen. Eine plausible Möglichkeit ist, dass Steinblöcke an Flaschenzügen hochgezogen werden und so jede „Stufe" nach oben weiter gebaut wird. Am Ende wird die Pyramide mit kleineren Steinen verkleidet. Diese werden später für den Bau anderer Gebäude genutzt. Dies wiederum ist heutzutage streng untersagt. Fakt ist, dass die Pyramiden Jahrtausende überlebt haben und es weiterhin viele Geheimnisse geben wird, die nur schwer zu beantworten sind.

Abschließend bleibt mir nur zu sagen, dass der Text sehr interessant ist und einen guten Überblick über Ägypten und den Bau der Pyramiden gibt. Er informiert kurz und regt mich an mehr darüber zu lesen.

Tipps und Hinweise

Für die **Einleitung** brauchst du folgende Informationen:

– Wer ist der/die Autor_in?
– Wie lautete der Titel des Texts?
– Wie lautete die Quelle? Wo ist der Text erschienen?
– Um welche Textart handelt es sich?
– Worum geht es im Text?
→ Beachte: Manchmal hast du nicht alle Informationen. Dann schreibst du in deiner Einleitung zum Beispiel: *Der Autor des Textes ist nicht bekannt.*

Für deinen **Schlussteil** kannst du folgendes beachten:

– der Schlussteil sollte kurz sein (und auf keinen Fall länger als der Hauptteil)
– deine Meinung zum Text enthalten
– deine Meinung kurz und sachlich begründen
– sich am Text orientieren bzw sich auf diesen beziehen
– keine neuen Gedanken aufgreifen

Das muss ich wissen

Für einen gelungen Aufsatz brauchst du:

– eine Einleitung, in der Autor_in, Titel und Quelle angegeben sind und in der du kurz sagst, worum es im Text geht
– einen Hauptteil, der den Inhalt richtig zusammenfasst und in einem zusammenhängenden Text geschrieben ist
– einen Schluss, in dem du deine Meinung knapp und sachlich darstellst
– abwechslungsreiche Satzanfänge, gute Überleitungen, einen roten Faden
– die Zeitform ist Präsens

3. Schulaufgabe – Eulenspiegelgeschichte

Name: _____

Eine Eulenspiegelgeschichte

Verfasse zu einem der folgenden Aufträge eine Eulenspiegelgeschichte nach den im Unterricht besprochenen Regeln! Beachte, bei welchem Meister genau Till unterkommt.

1. Auftrag des Meisters an Till:

„Koche dem Bürgermeister einstweilen die Wäsche!"

2. Auftrag des Meisters an Till:

„Sprenge einstweilen den Rasen!"

Viel Erfolg!

Von 64 Punkten hast du ___ Punkte erreicht.

Note: ___

Lösung: 3. Schulaufgabe - Eulenspiegelgeschichte

1. Auftrag des Meisters an Till:

„Koche dem Bürgermeister einstweilen die Wäsche!" (Eine Eulenspiegelgeschichte)

A Es war vor langer Zeit in einer Stadt namens Hannover. Till Eulenspiegel kam gerade von einer langen Reise zurück und sein alter Freund, der Schneider, nahm ihn bei sich auf und gab ihm Arbeit und ein Bett. Der Schneider war ein stadtbekannter Mann mit vielen wichtigen Kunden.

B Till bereitete die Arbeit beim Schneider große Freude. Er lernte die schönsten Stoffe kennen und half bei der Pflege und beim Verarbeiten dieser. Der Schneider war sehr zufrieden, denn Till konnte, wenn er wollte, gute Arbeit leisten. Auch sein Geselle staunte nicht schlecht, weil Till in den ersten Tagen voller Neugierde alle Arbeiten beobachtete und mit Freude seine eigenen verrichtete. Eines Tages bettelte Till den Schneider an, ihm doch mehr Verantwortung zu geben und damit auch einen höheren Lohn zu zahlen. Der Schneider sagte er wollte darüber nachdenken und überlegte es sich gut. Er gab Till drei Aufgaben, die er zunächst bewältigen musste.

Till war mit großer Eifer dabei diese zu lösen. So musste er beispielsweise in der nächsten Stadt beim Händler den richtigen Stoff kaufen, dem Gesellen beim Falten der Wäsche helfen und in Windeseile die Wäsche von der Frau Bürgermeister ausliefern. Als er alles getan hatte sagte der Schneider zufrieden: „Till, du bist ein guter Bursche, ich will morgen verreisen und komme erst am nächsten Tage zurück. Du aber koche dem Bürgermeister einstweilen die Wäsche!" Till schaute noch ein wenig verdutzt, doch er hatte schon so einiges über den Bürgermeister und seine Eigenheiten gehört. Auch beim Ausliefern der Wäsche seiner Gattin hatte er im Haus der beiden komische Dinge gesehen und gehört und so stellte er seinen Auftrag nicht in Frage.

Am nächsten Morgen brach der Schneider früh mit seinem Gesellen auf. Till machte sich gleich auf den Weg in die Küche. Er suchte nach dem größten Topf, den er finden konnte und nahm auch gleich noch etwas Kräuter und Gewürze mit. Dann ging er nach draußen zur Feuerstelle. Der Topf passte nicht auf den Herd in der Küche. Er zündete ein Feuer an, füllte den Topf mit heißem Wasser und schnitt Kräuter und Gewürze hinein. Nun überlegte er, wie die Wäsche am besten gekocht werden konnte. Da er bezweifelte, dass sie am Stücke gut durch würde, holte er die große Schere aus dem Schneiderraum. Er schnitt die Hemden in kleine Fetzen und warf sie in den Topf. Zwei Stunden ließ er alles kochen. Dann stellte er den Topf vom Feuer. Just in dem Moment kam der Schneider angehetzt. Er hatte sein Werkzeug vergessen und war auf halber Strecke umgekehrt, um dies zu holen. Als er den großen Topf sah, trat er neugierig herbei. „Was tust du da, mein guter Till?" Dieser entgegnete stolz: „Ich koche die Wäsche des Bürgermeisters, wie Ihr mir aufgetragen hattet, Meister." Als der Schneider begriff, was vor sich ging wurde er so wütend, dass er rot anlief und zornig auf und ab sprang: „Du teuflischer Nichtsnutz! Was machst du denn für Sachen? Scher dich, dass du weg kommst, bevor ich dir die spitze Schere ins Auge ramme!"

C Till, der den Schneider so noch nicht erlebt hatte, bekam es mit der Angst zu tun und floh so schnell er konnte zu den Mauern der Stadt hinaus. Der Schneider aber saß weinend über der Suppe, die Till veranstaltet hatte und schlug die Hände über dem Kopf zusammen. Er konnte sein Schicksal nicht verstehen. Till aber war längst auf zu neuen Abenteuern.

2. Auftrag des Meisters an Till:

„Sprenge einstweilen den Rasen!" (Eine Eulenspiegelgeschichte)

A Vor vielen Jahren kam Till Eulenspiegel in die Stadt München. Dort suchte er nach einer gutbezahlten Arbeitsstelle. Nachdem Till lange gesucht hatte, nahm ihn ein Gärtner bei sich auf. Dieser Gärtner pflegte Wälder, Beete und Wiesen auf Wunsch seiner Kunden.

B Till erledigte seine Arbeit schnell und zuverlässig, aber der Meister war ein strenger Mann. Eines Tages bekamen Till und der Gärtner einen wichtigen Auftrag. Sie sollten den Rasen eines Adligen pflegen. Dieser Rasen war sehr groß. Deshalb dauerte ihre Arbeit auch sehr lang. Am dritten Tag musste sich der Gärtner freinehmen, weil eine seiner Tanten gestorben war. Vorher erteilte er Till noch einen Auftrag: „Sprenge einstweilen den Rasen!" So ging er fort. Sobald der Meister das Haus verlassen hatte, begann Till mit seiner Arbeit. Als erstes holte er eine Ladung Sprengstoff aus dem Keller des Hauses. Der Adlige besaß sehr viel von dem Sprengstoff, weil er diesen oft in Kriegen benutzte. Dann füllte Till das Pulver in ein Fass. Nun brauchte er nur noch Streichhölzer. Diese gab es bei dem Adligen zur Genüge. Dann tränkte er eine aufgerollte Schnur in Öl, damit er sie als Zündschnur verwenden konnte. Schließlich steckte Till den Anfang der Zündschnur in das Pulverfass, rollte sie nach und nach auf und legte sie bis zum Rasen aus, den er in die Luft sprengen wollte, anstatt ihn zu bewässern. Er ging wieder zurück bis zum Anfang der Zündschnur, holte aus seiner Hosentasche Streichhölzer und zündete die in Öl getränkte Schnur an. Dann eilte der Schelm zum Haus des Adligen und hielt sich vorsorglich die Ohren zu in Erwartung einer ohrenbetäubenden Explosion. Als er endlich am Haus angkommen war, ertönte hinter ihm lautes „Peng", das ihm durch Mark und Bein ging. Er drehte sich um und erblickte ein Trümmerfeld von aufgewühlter brauner Erde und in alle Richtungen zerstreuten Steinbrocken. Plötzlich stand hinter Till eine riesige Menschenmenge, die das Erdfeld bestaunte. Zu seinem großen Entsetzen kam soeben auch der Meister von der Beerdigung zurück. Dieser dachte sich insgeheim: „Was ist denn das für ein Spektakel?" Als er jedoch sah, was für eine Trümmerwüste die Menschen anstarrten, verschlug es ihm die Sprache. Er wurde wütend und bahnte sich einen Weg durch die Menschenmenge zu Till, und er schrie ihn an: „Du nichtsnutziger Schalk, hast du vielleicht nicht richtig zugehört, was ich dir aufgetragen habe?" „Doch!", erwiderte Till frech. Nun lief der Gärtner rot an vor Zorn und packte Till am Schlafittchen: „Verlasse diese Stadt, du Schalk und lasse dich hier nie mehr wieder blicken!"

C So musste Till die Stadt München und den Gärtner, bei dem es ihm ohnehin nicht gut gefallen hatte, verlasssen. In der Stadt an der Isar erzählte man sich aber immer noch jahrelang von dem Streich, den Till seinem Meister gespielt hatte.

Tipps und Hinweise

Es gibt viele sprachliche Mittel, die du verwenden kannst, um deine **Erzählung** auszuschmücken und spannend und anschaulich zu machen. Hier sind einige Beispiele:

- **Anschauliche Verben**: Anstelle der Verben sagen, denken oder gehen kannst du alternative passende Verben nutzen: z.B. *flüstern, rufen, murmeln, schreien, erzählen, betonen...* ***für sagen*** *oder schlendern, schleichen, rennen, hasten, trampeln, schreiten...* ***für gehen***.
- **Treffende Adjektive**: Mache deine Erzählung durch treffende Adjektive anschaulich. Diese können z.B. sein: *Nervös schaute ich mich um. Lautlos schlich ich den Gang entlang. Aufgeregt öffnete ich die Türe.*
- **Gefühle und Gedanken**: Teile die Gefühle und Gedanken der Personen deiner Erzählung durch wörtliche Rede oder durch Bilder mit: z.B. *„Ob das wohl gut gehen wird?", fragte ich mich ängstlich. / Mir fiel ein Stein vom Herzen.*
- **Sinneseindrücke**: Um die Geschichte besonders anschaulich zu machen, kannst du Sinneseindrücke wie Geräusche, Farben, Gerüche schildern: z.B. *In ihrem bunten Zimmer roch es nach frischen Blumen. Leise Musik tönte aus dem CD-Player aus der Zimmerecke.*

Das muss ich wissen

Wenn du eine **Erzählung** schreibst, achte darauf, dass sie spannend, packend und anschaulich ist. Das erreichst du so:

- Wähle eine **Überschrift**, die Neugierde weckt.
- Erzähle nur von **einem Ereignis**.
- Gliedere deine Erzählung in die drei Teile: Einleitung, Hauptteil, Schluss.
  - **Einleitung**: informiert über die Hauptpersonen, Zeit und Ort des Geschehens.
  - **Hauptteil**: spannend, anschaulich und mit einer logischen Reihenfolge hin zum Höhepunkt. Was? Wie? Warum? Und mit welchen Folgen?
  - **Schluss**: ist eine Zusammenfassung mit evtl. Rückblick.
- Schreibe im **Präteritum** (1. Vergangenheit).
- Den Höhepunkt der Erzählung schreibst du im **szenischen Präsens**.
- Verwende die **direkte Rede**, wenn es sinnvoll ist.
- Achte darauf deine **Satzanfänge** abwechslungsreich zu wählen.
- Nutze **treffende Adjektive** und **ausdrucksstarke Verben**.
- Oftmals eignet sich die **Ich-Form** sehr gut für **Erzählungen**.
- Die **Innere Handlung** umfasst, was die Hauptperson(en) alles denken, fühlen, hören, sehen und spüren.

3. Schulaufgabe – Sage & Fabel

Name: _____

Lies die folgende Sage 2x durch:

Die dankbare Maus

Wo heute die große Stadt Dortmund liegt und die Hämmer der Arbeit dröhnen, war vor Zeiten weiter und wilder Wald.
Einst musste ein Kaufmann durch ihn hindurch. Er war ein armer Tropf, hatte zudem auf seiner Reise noch schlechte Geschäfte gemacht und saß da, müde des Weges und bekümmert über seine Not, auf einem Stein, dachte der Seinen daheim, die auf seine Rückkehr und auf das mitgebrachte Geld warteten, um Brot zu kaufen. Er wagte kaum, den eigenen Hunger, der ihn überfiel, zu stillen, zog dann aber doch das letzte Stückchen trockenen Brotes heraus und verzehrte es.
Da kam ein Mäuslein vorbei, sah zu ihm auf, als erwarte es ein Bröcklein von ihm. Den Mann dauerte das Tier, dem es hier im weiten, wilden Walde wohl noch schlechter erging als ihm. Er brach ein Stücklein ab, warf es hin und sagte: „Lass es dir schmecken, Graupelzchen!"
Dann stand er auf, um sich an der Quelle zu laben, die dort unter dem Gebüsch hervorsprudelte. Da aber lief das Mäuslein hin und her, brachte aus einem Loche ein Goldstück, dann ein zweites und noch eins und legte jedes seinem Wohltäter vor die Füße. Der wusste vor Verwunderung nicht, was er denken sollte. Das Tierlein aber kroch in das Erdloch hinein, verschwand aber nicht darin, sondern saß dort und blickte ihn an, als wolle es ihn einladen, näher zu kommen und hier zu suchen.
Der Mann tat endlich so und fand in der Erde einen Schatz vergraben, der aller seiner Not mit einem Schlage ein Ende machte.

Quelle: http://www.udoklinger.de/Deutsch/Sagen/S13.html

Aufgabe: Die Maus erzählt abends ihrer Familie, was am Tag passiert ist. Schreibe auf, was sie sagt!

Viel Erfolg!

Von 64 Punkten hast du ___ Punkte erreicht.

Note: __

Lösung: 3. Schulaufgabe – Sage & Fabel

Aufgabe: Die Maus erzählt abends ihrer Familie, was am Tag passiert ist. Schreibe auf, was sie sagt!

Habt ihr gehört, was heute im Wald passiert ist? Ich war auf der Suche nach etwas zu Fressen erfolglos und gerade auf dem Weg zurück in unser Mauseloch, als mir ein großer, schlanker Kaufmann den Weg entgegen kam. Er schaute müde und abgeschlagen aus und so setzte er sich auf einen Stein am Rande des Weges. Ich schlich mich leise und geschickt um ihn herum und beobachtete sein Tun. Er sah so hungrig aus wie ich und ich fühlte mit ihm mit. Plötzlich kramte er ein Stücklein Brot aus seiner Manteltasche. Der Duft des alten Brotes erfüllte gleich meine Nase und ich flitze, ohne darüber zu denken, zwischen seinen Beinen hervor, so dass er mich nun sehen konnte. Ich sah zu ihm auf und das Wasser lief mir im Munde zusammen. Wie viel würde ich für dieses Brot geben, dachte ich mir. Gleichzeitig fühle ich große Gefahr, denn der Mann war ja ein Riese und würde mich wohl gleich erschlagen. Doch so geschah es nicht. Er warf mir gleich ein Stücklein zu und wünschte mir, dass es wohl schmecke. Da wurde ich von einer so großen Freude überkommen, dass ich schnell zum Mauseloch lief und ihm eine dieser großen dicken Münzen herauskramte. Und dann die nächste. Ich wollte, dass er sie alle hat, doch er begriff es nicht so recht. Erst als ich mich dann vor den Eingang setzte, kam er herbei und fand den Vorrat. Und er nahm es sich mit, mit strahlendem Gesicht. Nun, hier ist er Rest des Brotes, das hat er mir auch hier gelassen. Esset und werdet satt davon.

_____/56

Tipps und Hinweise
Achte darauf nur Ideen und Aussagen zu schreiben, die zur Figur in der Sage passen. Versuche den Schreibstil der Sage beizubehalten. Benutze zudem keine modernen Aussagen oder Umgangssprache

2. Nenne je eine Gemeinsamkeit und einen Unterschied zwischen
– Märchen und Sage

Gemeinsamkeit: *In beiden Textgattungen gibt es übernatürliche Geschehnisse.*
Unterschied: *Märchen – keine genauen Orts- und Zeitangaben; Sage – genaue Orts- und Zeitangaben*

_____/4

– Märchen und Fabel

Gemeinsamkeit: *Beide erzählen von Begebenheiten, die es in Wirklichkeit nicht gibt.*
Unterschied: *In einer Fabel siegt am Ende der Stärkere oder Listigere.*
Märchen: *In einem Märchen siegt am Ende das Gute.*

_____/4

Das muss ich wissen

Die Merkmale einer Fabel sind:

- Kurze, lehrhafte Erzählung
- Es spielen meist zwei Tiere darin
- Die Tiere haben typische menschliche Eigenschaften
- Oftmals sind es Gegner, die Streitgespräche führen, an denen der Stärkere oder Listigere gewinnt
- Viele Fabeln enthalten am Ende eine Lehre

Die Merkmale eines Märchens sind:

- Märchen erzählen von Begebenheiten, die es in Wirklichkeit nicht gibt
- Es gibt keine genauen Orts- und Zeitangaben
- Gut und Böse treffen aufeinander, am Ende siegt das Gute
- Es gibt typische Märchenfiguren wie z.B. König, Prinzessin, Hexe, sprechende Tiere, Feen, Zwerge, Zauberer etc.
- Die Hauptfigur muss gefährliche Prüfungen bestehen. Dabei wird sie durch magische Kräfte oder Gegenstände unterstützt
- Häufig spielen magische Zahlen eine Rolle, z.B. drei Wünsche, sieben Zwerge, Geißlein

4. Schulaufgabe – Vorgangsbeschreibung

Aufgabe

- Verfasse zu <u>einem</u> der vorgegebenen Themen eine <u>vollständige</u> und <u>eingehende</u> Vorgangsbeschreibung!
- Beschreibe den gewählten Vorgang in vorbildlicher und beispielhafter Art und Weise!
- Beachte die im Unterricht besprochenen Regeln!
- Übernehme die Überschrift des gewählten Themas auf dein Schulaufgabenblatt, darunter steht in Klammern: (Vorgangsbeschreibung)!

Thema 1:

Falten einer festlichen Serviette

Thema 2:

Wie ich das Sonntagsfrühstück für die ganze Familie vorbereite

Viel Erfolg!

Von 64 Punkten hast du ___ Punkte erreicht.

Note: ___

Lösung: 4. Schulaufgabe – Vorgangsbeschreibung

Thema 1: *Falten einer festlichen Serviette*
(Vorgangsbeschreibung)

Schreibplan
*Einleitung: Vorbereitung der benötigten Servietten (je nach Anzahl der Personen)
in unterschiedlicher Größe und Farbe, einen Teller
Hauptteil: Durchführung
Schluss: Verwendung, Tricks*

Für das Falten einer festlichen Serviette benötigt man zwei Servietten in unterschiedlicher Größe und Farbe, außerdem den Teller, den die Serviette in fertigem Zustand schmücken soll.

Als Erstes legt man die beiden verschiedenfarbigen und unterschiedlich großen Servietten aufeinander, sodass die kleinere Serviette ziemlich zentral auf der großen liegt. Im nächsten Schritt faltet man die beiden aufeinanderliegenden Serviette von einer Ecke zur anderen, wie bei einem Fächer und schiebt sie dann zur Mitte hin zusammen. Die eine Hälfte des langen Gebildes legt man unter den vorgeschobenen Teller, die andere Hälfte klappt man nach innen auf den Teller und entfaltet sie nachher leicht. Nun kann man das fertige Muster, das einem Fächer ähnelt, über den Teller legen, sodass es wie eine zusammengeklappte Muschel aussieht.

Diese hübsche Dekoration bietet sich besonders bei festlichen Geburtstagen an und ziert nicht nur den einzelnen Teller, sondern den ganzen Tisch.

Thema 2: **Wie ich das Sonntagsfrühstück für die ganze Familie vorbereite**
(Vorgangsbeschreibung)

Schreibplan
*Einleitung: Vorbereitung der benötigten Schritte
Hauptteil: Durchführung
Schluss: Verwendung, Tricks*

Um das Sonntagsfrühstück für die ganze Familie beispielhaft vorzubereiten, benötige ich Tassen, Teller, Besteck, verschiedene Gebäcksorten, Servietten, verschiedenes Obst, Orangen für Saft, Eier, Kaffee mit Kaffeefilter und Filteraufsatz, Kakao, eine Thermoskanne und eine kleinere Kanne, Butter, Marmelade, Gläser und eine Tischdecke.

Als Erstes nehme ich eine unserer Frühstücksdecken, die sich in einem Schrank befindet, und breite diese auf dem Tisch aus. Damit auf der Tischdecke keine Wellen entstehen, streiche ich sie mit den Händen glatt. Jetzt hole ich die verschiedenen Semmeln, Brezelstangen und Croissants aus den noch verschlossenen Bäckertüten und lege sie in den Brotkorb. Den gefüllten Brotkorb stelle ich in die Mitte unseres Tisches, sodass jeder beim Frühstück sich nach Belieben Brötchen, Brezelstangen oder Croissants aus dem Korb nehmen kann.

Ich lege genügend Obst auf einen großen Obstteller, damit sich jeder sein Obst selbst aussuchen und aufschneiden kann. Diesen trage ich zum Tisch und stelle ihn dort ebenfalls neben einem kleinen Brett mit einem Obstmesser hin. Nun entnehme ich aus den Schrank vier Teller und stelle sie jeweils vor einen Stuhl auf den Tisch. Zu den Tellern stelle ich die Tassen, die Kaffee- und Eierlöffel und die Messer. Das Messer sowie die Löffel kommen rechts neben den Teller und die Tasse nach links oben. Die Stoffservietten falte ich zu einem Dreieck und lege sie neben den Teller unter das Besteck. Bevor ich die beiden Kannen auf den Tisch stelle, bereite ich zuerst den Filterkaffee und den Kakao zu. Nachdem ich den Kaffeefilter in den trockenen Filteraufsatz eingesteckt habe, gebe ich 6 Esslöffel gemahlenen Kaffee hinein und setze den Filteraufsatz auf die größere Thermoskanne. Dann brühe ich den gemahlenen Kaffee mit frischem, siedendem Wasser auf, das ich zuvor im Wasserkocher kochen ließ, und gieße so lange auf, bis die Kanne voll ist. Inzwischen bereite ich den Kakao vor. Dazu gebe ich 3 Esslöffel Kakaopulver in die zweite kleinere Kanne, gieße ebenso mit wenig siedendem Wasser an, rühre das Pulver mit einem Löffel um und gieße den Rest mit ½ Liter warmer Milch auf, die ich dazu in einem kleinen Topf auf der Herdplatte erwärme. Da ich zu einem Sonntagsfrühstück meiner Familie auch gekochte Eier anbieten möchte, erhitze ich einen weiteren kleinen Topf mit Wasser. Wenn das Wasser kocht, lege ich vorsichtig die Eier ins Wasser und lasse sie exakt 5 Minuten kochen, bis sie die richtige Konsistenz haben, also wachsweich sind. Ich nehme sie mit einem Esslöffel heraus, schrecke sie mit fließend kaltem Wasser aus dem Wasserhahn ab, gebe sie in die Eierbecher und trage sie zum Frühstückstisch. Danach öffne ich den Kühlschrank, hole die Butter aus der Butterdose und lege sie auf einen kleinen Teller. Zudem lege ich den gekochten, den rohen Schinken und die Salami dekorativ in Scheiben auf einen weiteren Teller. Marmelade und Honig fülle ich in kleine Schälchen. Als Letztes schneide ich die Orangen quer auf. Mit der Saftpresse drücke ich den Saft von zwei Orangenhälften pro Glas direkt in die Gläser, die ich mir dazu bereitgestellt habe. Ich bringe alles auf den gedeckten Tisch.
Nun ist der Tisch fertig gedeckt mit vielen leckeren Sachen und die ganze Familie wird das Frühstück genießen können. Durch die gute Vorbereitung wird die ganze Familie gemütlich sitzen bleiben können, denn alle benötigten Dinge sind am Tisch zu finden.

Tipps und Hinweise
Um die Satzübergänge zu variieren und von einem monotonen Dann-Gebrauch abzusehen, kannst du folgende Möglichkeiten nutzen:
- **Temporale Nebensätze**: *nachdem / wenn / während / bevor*
- **Kausale Nebensätze**: *weil / da*
- **Finale Nebensätze**: *damit / sodass*
- **Konditionale Nebensätze**: *wenn / falls*
- **Modale Nebensätze:** *indem*

Tipps und Hinweise
- Ziel einer Vorgangsbeschreibung ist es, dass ein außenstehender Leser den Vorgang immer wieder nachvollziehen kann und mithilfe der Beschreibung erlernen kann.
- Um sich die Vorgangsbeschreibung einfach zu machen, kann man zunächst auf einem Schmierblatt grob den Vorgang in einzelne Schritte teilen, die dann nacheinander beschrieben werden.

Das muss ich wissen
- Eine **Vorgangsbeschreibung** ist in Einleitung und Hauptteil gegliedert.
- **Einleitung**: Hier wird der zu beschreibende Vorgang aus der wortwörtlichen Themenstellung genannt und alle benötigten Materialien und Werkzeuge aufgelistet.
- **Hauptteil**: Hier wird der Vorgang sorgfältig, verständlich, eingehend und in der richtigen Reihenfolge der Arbeitsschritte beschrieben.
- Als **Anrede** wird entweder *ich, du, wird* oder *man* verwendet.
- Zeitform einer Vorgangsbeschreibung ist das **Präsens**.
- Die Vorgangsbeschreibung soll **sachlich und genau** sein.
- **Exakte Fachbegriffe** sollen verwendet werden.
- **Abwechslungsreiche Satzanschlüsse** sind optimal. Siehe hierzu auch Tipps und Hinweise.

4. Schulaufgabe – Erlebniserzählung

Name: _____

Stell dir vor, du bist Hausmeister an einer Schule und hast ein Haustier, das die menschliche Sprache beherrscht. Du erlebst ein Abenteuer mit deinem Haustier. Schreibe eine Erlebniserzählung, in der du davon erzählst!

Viel Erfolg!

Von 64 Punkten hast du ___ Punkte erreicht.

Note: ___

Lösung: Schulaufgabe 4.2

Die Merkursinfonie

Als Hausmeister Jansen am Abend seine Kontrolle im Schulhaus machte, hörte er Klaviermusik aus dem Musiksaal dringen. Wer quält sich wohl so spät noch so jämmerlich mit dem „Flohwalzer" ab? Er wurde wachsbleich: Die allseits beliebte Lehrerin Brigitte Anneliese lag tot über das Klavier gestreckt, der Griff eines massiven Jagdmessers ragte aus ihrem Rücken. Ein Kassettenrekorder lief neben ihr und spielte den „Flohwalzer", ununterbrochen von verzweifelten Kommentaren eines gequälten Klavierschülers ab.

Hausmeister Jansen verständigte die Polizei und wartete auf das Eintreffen der Mordkommission. Er ging noch einmal zum Musiksaal zurück. Dort lebte eine Maus in einem Mauseloch hinter der Fußbodenleiste. Der Hausmeister wollte schon längst etwas gegen die Maus tun, denn Brigitte Anneliese hatte sich bei ihm bereits öfter über Bissstellen in ihren Klaviernoten beschwert. Zum Glück aber hatte sie es vergessen: Die Maus war der einzige Augenzeuge des Verbrechens. Jansen dachte nach. Er dachte an sein Haustier.

Hausmeister Jansen hatte nämlich ein ganz besonderes Haustier, einen Zwerghamster. Ihr fragt euch, was an dem Hamster so besonders war? Hatte ich wohl ganz vergessen: Der Hamster konnte Menschensprache. Und überhaupt war der Hamster ein Weibchen; sie hatte den wunderschönen Namen Larissa. Sollte Jansen es riskieren, dass sein geliebter Hamster nicht wieder kommt und seine Kinder traurig sind – oder sollte er es zulassen, dass vielleicht noch andere diesem Mörder zum Opfer fallen? Hausmeister Jansen entschied sich dafür, Larissa um Hilfe zu bitten.

Er ging zu seiner Wohnung, öffnete den Deckel des Hamsterkäfigs und lockte Larissa mit einem appetitlichen, großen, gelben Mehlwurm aus ihrem Häuschen. Jansen erzählte Larissa von seiner Idee, die Maus zu fragen. Larissa war begeistert und machte sich sofort auf den Weg ins Musikzimmer. Der Hausmeister blickte Larissa noch kurz an. Dann wurde er von den inzwischen eingetroffenen Kommissaren zur Zeugenaussage an den Tatort gebeten. Larissa verschwand schon nach wenigen Metern unter einem losen Brett im Schulflur und tauchte erst im Musikzimmer durch das Loch in der Fußbodenleiste wieder auf. Die Schulmäuse haben ihre eigenen, ganz kurzen und direkten Wege durch das gesamte Gebäude gebaut.
Die Maus fragte Larissa, was denn los sei, denn sie war überrascht, als der Hamster plötzlich in ihrer Höhle auftauchte: "Sag, Larissa, wollen wir ein paar Sonnenblumenkerne zusammen knabbern?" Larissa entgegnete: „Gerne, aber ich brauche jetzt ein paar Informationen von dir. Brigitte Anneliese ist tot.

Sie hat ein Messer im Rücken und liegt auf dem Klavier!" Die Maus hatte tatsächlich das Verbrechen beobachtet, als sie gerade außerhalb ihrer Höhle auf der Suche nach Pausenbrotresten war. „Also, da war ein Mann, der hatte eine Glatze, grüne Augen, einen langen Mantel und eine frische Narbe am Arm. Dann hatte er ein blau-rot-weiß-gelb gestreiftes T-Shirt an... äh.... ach ja! Er trug eine knallbunte Hose ... Äh .... also ... oh Moment! Er hatte einen

Ziegenbart, der braun war. Brigitte Anneliese und der Mann haben zuerst vierhändig Klavier gespielt. Dann haben sie plötzlich angefangen zu streiten. Brigitte Anneliese wollte ihn hinauswerfen und hat immer wieder gesagt, dass sie nie mit ihm teilen wird und dass alleine sie die Entdeckerin ist. Dann hat der Mann sie erstochen und den Kassettenrekorder angestellt. Das war's", wisperte die Maus. „Vielen Dank", sagte Larissa. „Kannst du dir vorstellen, worüber die beiden sich gestritten haben?" „Keine Ahnung", fiepte die Maus, „sie haben vorher noch lange über Mozart geredet, aber ich habe nicht richtig zugehört, weil ich so hungrig war. Ich hab doch so gehofft, ich könnte noch irgendwo ein Stück Pausenbrot finden – vielleicht sogar mit Käse drauf, das war mein ganzer Gedanke." Larissa hatte gerade einige Sonnenblumenkerne aufgeknackt und hörte hinter der Fußbodenleiste den Polizisten zu, die gerade den Hausmeister vernahmen.

Larissa wusste, dass Jansen Brigitte Anneliese gut leiden konnte und dass sich die beiden oft über ihre gemeinsame Leidenschaft, die klassische Musik, unterhielten. Der Kommissar stellte die Kassette im Rekorder sicher. Es handelte sich um eine Aufnahme einer Unterrichtsstunde mit einem Klavierschüler aus der ersten oder zweiten Klasse. Die Maus guckte aus dem Loch hinter der Fußbodenleiste zu den Menschen hinüber und rief schrill: „Die Noten! Die Noten! Der Mann hat die Noten mitgenommen!"

Tipps und Hinweise

Es gibt viele sprachliche Mittel, die du verwenden kannst, um deine **Erzählung** auszuschmücken und spannend und anschaulich zu machen. Hier sind einige Beispiele:

- **Anschauliche Verben**: Anstelle der Verben sagen, denken oder gehen kannst du alternative passende Verben nutzen: z.B. *flüstern, rufen, murmeln, schreien, erzählen, betonen... für sagen* oder *schlendern, schleichen, rennen, hasten, trampeln, schreiten... für gehen*.
- **Treffende Adjektive**: Mache deine Erzählung durch treffende Adjektive anschaulich. Diese können z.B. sein: *Nervös schaute ich mich um. Lautlos schlich ich den Gang entlang. Aufgeregt öffnete ich die Türe.*
- **Gefühle und Gedanken**: Teile die Gefühle und Gedanken der Personen deiner Erzählung durch wörtliche Rede oder durch Bilder mit: z.B. *„Ob das wohl gut gehen wird?", fragte ich mich ängstlich. / Mir fiel ein Stein vom Herzen.*
- **Sinneseindrücke**: Um die Geschichte besonders anschaulich zu machen, kannst du Sinneseindrücke wie Geräusche, Farben, Gerüche schildern: z.B. *In ihrem bunten Zimmer roch es nach frischen Blumen. Leise Musik tönte aus dem CD-Player aus der Zimmerecke.*

Das muss ich wissen
Wenn du eine **Erzählung** schreibst, achte darauf, dass sie spannend, packend und anschaulich ist.
Das erreichst du so:
- Wähle eine **Überschrift**, die Neugierde weckt.
- Erzähle nur von **einem Ereignis**.
- Gliedere deine Erzählung in die drei Teile: Einleitung, Hauptteil, Schluss.
  - **Einleitung**: informiert über die Hauptpersonen, Zeit und Ort des Geschehens.
  - **Hauptteil**: spannend, anschaulich und mit einer logischen Reihenfolge hin zum Höhepunkt. Was? Wie? Warum? Und mit welchen Folgen?
  - **Schluss**: ist eine Zusammenfassung mit evtl. Rückblick.
- Schreibe im **Präteritum** (1. Vergangenheit).
- Den Höhepunkt der Erzählung schreibst du im **szenischen Präsens**.
- Verwende die **direkte Rede**, wenn es sinnvoll ist.
- Achte darauf deine **Satzanfänge** abwechslungsreich zu wählen.
- Nutze **treffende Adjektive** und **ausdrucksstarke Verben**.
- Oftmals eignet sich die **Ich-Form** sehr gut für **Erzählungen**.
- Die **Innere Handlung** umfasst, was die Hauptperson(en) alles denken, fühlen, hören, sehen und spüren.

1. Grammatiktest

Name: _____

1. Im Text fehlen s, ss und ß. Trage die richtige Form ein!

Marie wu___te genau, warum sie Spargel ha___te: der Geschmack war einfach bitter. Da___ kann doch keinem Menschen schmecken. Sie mochte auch den Geruch in ihrer Na___e ganz und gar nicht. Ihre Mutter hingegen fand, da___ da___ nicht stimmte. Spargel war eine Delikate___e. Sie scherzte, da___ wohl etwas nicht mit Marie stimmte. Das konnte Marie wiederum nicht fa___en, denn in dieser Hinsicht verstand sie keinen Spa___. „Nur weil du gro___ und erwachsen bist, meinst du alles zu wi___en. Das stimmt aber nicht!", rief sie ihrer Mutter zu.

12/___

2. Adjektive steigern: Adjektive kann man vergleichen. Hierzu gibt es verschiedene Vergleichsstufen. Benenne die Fachwörter für die drei Stufen in der Tabelle und fülle diese vollständig aus!

Positiv / Grundstufe	_____ / Vergleichsstufe	_____ / Höchststufe
stark	_____	_____
_____	höher	_____
viel	_____	_____
_____	_____	am besten
_____	tiefer	_____

12/___

3. Nicht alle Adjektive können in drei Stufen gesteigert werden. Ordne die unten stehenden Adjektive in die drei Gruppen zu!

nahe, äußere, ganz, dumm, untere, tot, einzig, weich, steinhart

Gruppe 1: Adjektive, die in drei Stufen gesteigert werden können

_____

Gruppe 2: Adjektive, die in zwei Stufen gesteigert werden können.

_____

Gruppe 3: Adjektive, die nicht gesteigert werden können.

_____

9/___

4. Zeichensetzung. Ergänze im folgenden Text die fehlenden Satzzeichen bei der wörtlichen Rede!

Letzten Samstag war ich am Bodensee um meine Schwester zu besuchen. Wie schön, dass du da bist! begrüßte mich meine Schwester. Ich gähnte laut und erwiderte Ja, ich freue mich auch sehr, hier zu sein. Meine Schwester ging in die Küche um den Kuchen zu holen, den sie extra gebacken hatte. Ich kam ihr zur Hilfe und kochte Kaffee. Da klingelte das Telefon. Warum fragte meine Schwester muss das Telefon immer dann klingeln, wenn ich gerade beschäftigt bin? Ich lachte Ach, mach dir nichts daraus, es gibt wirklich Schlimmeres.

6/____

5. Satzglieder: Bestimme die Satzglieder in folgenden Sätzen!

a) Dein Käsestück   stahl   der   geschickte   Rabe.

_____

b) Seiner   Schwester   gibt   Alexander   das   Bonbon   gerne.

_____

12/____

Viel Erfolg!

Von 51 Punkten hast du ____ Punkte erreicht.

Note: ____

Lösung: 1. Grammatiktest

1. Im Text fehlen s, ss und ß. Trage die richtige Form ein!

Marie wu*ss*te genau, warum sie Spargel ha*ss*te: der Geschmack war einfach bitter. Da*s* kann doch keinem Menschen schmecken. Sie mochte auch den Geruch in ihrer Na*s*e ganz und gar nicht. Ihre Mutter hingegen fand, da*ss* da*s* nicht stimmte. Spargel war eine Delikate*ss*e. Sie scherzte, da*ss* wohl etwas nicht mit Marie stimmte. Das konnte Marie wiederum nicht fa*ss*en, denn in dieser Hinsicht verstand sie keinen Spa*ß*. „Nur weil du gro*ß* und erwachsen bist, meinst du alles zu wi*ss*en. Das stimmt aber nicht!", rief sie ihrer Mutter zu.

Tipps und Hinweise

Folgende Regeln gilt es zu beachten:
- Ein **stimmhafter** (weich gesprochen) **s-Laut** wird mit einfachem **s** geschrieben.
- Ein **stimmloser** (hart gesprochen) **s-Laut** wird mit **s**, **ss** oder **ß** geschrieben.
- **Nach langem Vokal** und nach **Diphtong** (Doppellaut) wird ein **s** oder **ß** geschrieben.
    - Bei einem **stimmlosen s-Laut** wird mit einfachem **s** geschrieben, wenn es eine **Ableitung oder Verlängerung mit stimmhaftem s-Laut** gibt z.B. *sie reist – reisen*
    - Bleibt der **s-Laut** auch in der **Ableitung oder Verlängerung stimmlos**, wird er mit einem **ß** geschrieben, z.B. *Kloß – Klöße*
- **Nach betontem Vokal** wird der folgende **stimmlose s-Laut** meistens mit **ss** geschrieben.
- Bei einem Wechsel der Länge oder Kürze des Vokals vor dem **s-Laut** in manchen Wortfamilien wird
    - **nach kurzem betontem Vokal ss** geschrieben.
    - **nach langem Vokal und nach Diphtong ß** geschrieben.

2. Adjektive steigern: Adjektive kann man vergleichen. Hierzu gibt es verschiedene Vergleichsstufen. Benenne die Fachwörter für die drei Stufen in der Tabelle und fülle diese vollständig aus!

Positiv / Grundstufe	*Komparativ* / **Vergleichsstufe**	*Superlativ* / **Höchststufe**
stark	*stärker*	*am stärksten*
hoch	*höher*	*am höchsten*
viel	*mehr*	*am meisten*
gut	*besser*	am besten
tief	tiefer	*am tiefsten*

3. Nicht alle Adjektive können in drei Stufen gesteigert werden. Ordne die unten stehenden Adjektive in die drei Gruppen zu!

nahe, äußere, ganz, dumm, untere, tot, einzig, weich, steinhart

Lösung: Grammatiktest 1.1

Gruppe 1: Adjektive, die in drei Stufen gesteigert werden können
nahe, weit, dumm
Gruppe 2: Adjektive, die in zwei Stufen gesteigert werden können
äußere, untere
Gruppe 3: Adjektive, die nicht gesteigert werden können
tot, einzig, ganz, steinhart

Tipps und Hinweise

Regelmäßige Adjektive (z.B. *lustig*) werden gesteigert, indem in der Vergleichsstufe
ein **-er** und in der Höchststufe ein **am -sten** angehängt wird *(lustig, lustiger, am lustigsten)*.
Es gibt auch unregelmäßige Adjektive wie z.B. **viel**. Diese musst du auswendig lernen.
Adjektive wie z.B. *tot* kann man nicht steigern.

---

4. Zeichensetzung. Ergänze im folgenden Text die fehlenden Satzzeichen bei der wörtlichen Rede!

Letzten Samstag war ich am Bodensee um meine Schwester zu besuchen. „Wie schön, dass du da bist!", begrüßte mich meine Schwester. Ich gähnte laut und erwiderte*:* „Ja, ich freue mich auch sehr, hier zu sein." Meine Schwester ging in die Küche um den Kuchen zu holen, den sie extra gebacken hatte. Ich kam ihr zur Hilfe und kochte Kaffee. Da klingelte das Telefon. „Warum", fragte meine Schwester**,** „muss das Telefon immer dann klingeln, wenn ich gerade beschäftigt bin?" Ich lachte*:* „Ach, mach dir nichts daraus, es gibt wirklich Schlimmeres."

Das muss ich wissen

Die wörtliche Rede wird mit Anführungszeichen *("" und "")* gekennzeichnet. Am Anfang stehen diese unten und am Ende des Satzes oben. Die Sätze der wörtlichen Rede werden meist von Kommas vom Begleitsatz abgetrennt und behalten in der Regel ihre eigenen Satzzeichen.
Es gibt drei Satzbauformen:
– Vorangestellte Redeformel: „Wörtliche Rede." → z.B. *Sie sagte: „Es gibt drei Flaschen Limo."*
– „Wörtliche Rede", nachgestellte Redeformel. → z.B. *„Komm einfach mit mir mit", sagte Timo zu Linda.* Oder: *„Wollen wir zusammen verreisen?", fragte Anna Marie.*
Achtung: Ist am Ende der wörtlichen Rede ein ! oder ?, wird es in die wörtliche Rede mit eingeschlossen. Bei einem Aussagesatz wird der Punkt weggelassen.
– „Wörtliche Rede Teil 1", eingeschobene Redeformel, „wörtliche Rede Teil 2." → *„Wo", wunderte sich Linda, „ist nur meine Nagelschere?"*

---

5. Satzglieder: Bestimme die Satzglieder in folgenden Sätzen!

a) Dein Käsestück / stahl / der geschickte Rabe.
   Akkusativobjekt   *Prädikat*   *Subjekt*

b) Seiner Schwester / gibt / Alexander / das Bonbon / gerne.
   Dativobjekt   *Prädikat*   *Subjekt*   *Akkusativobjekt*   *Modaladverbiale*

Das muss ich wissen

Ein Satz besteht aus den Grundbausteinen **Subjekt** (Frage: *Wer?*) und **Prädikat** (Verbform auf das Subjekt bezogen). Sie bilden den **Satzkern**.

Objekte, um die ein Satz erweitert werden kann, sind:
– **Genitivobjekt:** Frage *Wessen?*
– **Dativobjekt**: Frage: *Wem?*
– **Akkusativobjekt**: Frage: *Wen oder was?*

Weiter gibt es **Adverbiale Bestimmungen**:
– **Lokaladverbiale**: Frage: *Wo? Wohin? Woher?*
– **Temporaladverbiale**: Frage: *Wann? Wie lange? Wie oft?*
– **Kausaladverbiale**: Frage: *Warum? Weshalb?*
– **Modaladverbiale**: Frage: *Wie?*

2. Grammatiktest

Name: _____

1. Aktiv & Passiv: Folgende Sätze stehen entweder im Aktiv oder Passiv. Finde heraus, in welcher Form sie stehen und wandle sie dann in die jeweils andere Form um. Füge ggf. eine Personenangabe hinzu!

a) Susanna kaufte das Kleid.   Form: _____

_____

b) Die Zeitung wird von Anton gelesen.   Form: _____

_____

c) Die Spaghetti wurden gegessen.   Form: _____

_____

d) Der Elster stahl den Löffel.   Form: _____

_____

12/____

2. Verben: Zeitformen. Bestimme die nachstehenden Verbformen in Person, Numerus und Tempus!

a) Wir haben es gesehen. _____

b) Sie war aufgestanden. _____

c) sie gehen _____

d) ich werde tauchen gehen _____

12/____

3. Man unterscheidet zwischen starken und schwachen und unregelmäßigen Verben. Erkläre jeweils in einem Satz, was ein starkes bzw. schwaches Verb ist und gib ein Beispiel dafür an!

a) starkes Verb: _____

Beispiel: _____

b) schwaches Verb: _____

Beispiel: _____

8/____

4. Wortarten: Bestimme die Wortart jedes einzelnen Wortes im folgenden Satz. Gib die Satzglieder der Wörter oder Wortgruppen an, die mit einem x versehen sind!

Satz: Wir sind große Skifahrer_innen.

Grammatiktest 2.1

Satz	Wortart	Satzglied/Funktion
Wir		x
sind		x
große		
Skifahrer_innen		

Satz: Obwohl Asterix ihm gerne mit Prügelverbot droht, verspeist Obelix abends trotzdem zehn Wildschweine.

Satz	Wortart	Satzglied / Funktion
Obwohl		
Asterix		X
ihm		
gerne		
mit		
Prügelverbot		
droht,		X
verspeist		X
Obelix		X
abends		X
trotzdem		
zehn		—
Wildschweine		X

26 /____

Viel Erfolg!

Von 58 Punkten hast du ___ Punkte erreicht.

Note: ___

Lösung: 2. Grammatiktest

1. Aktiv & Passiv: Folgende Sätze stehen entweder im Aktiv oder Passiv. Finde heraus in welcher Form sie stehen und wandle sie dann in die jeweils andere Form um. Füge ggf. eine Personenangabe hinzu!

a) Susanna kaufte das Kleid.   Form: *Aktiv*
Das Kleid wurde von Susanna gekauft.
b) Die Zeitung wird von Anton gelesen.   Form: *Passiv*
Anton liest die Zeitung.
c) Die Spaghetti wurden gegessen.   Form: *Passiv*
Die Kinder aßen die Spaghetti. (Anstelle von „Die Kinder" kann auch Peter, Anna, der Vater... etc. stehen)
d) Der Elster stahl den Löffel.   Form: *Aktiv*
Der Löffel wurde von der Elster gestohlen.

Tipps und Hinweise

Das **Aktiv** erkennst du daran, dass die handelnde Person (das Subjekt) im Vordergrund steht.
Im **Passiv** wird gezeigt, was mit einer Sache / Person (dem Subjekt) geschieht. Hierzu braucht man nicht zwingend die Angabe einer Person.

Das muss ich wissen

– Das **Passiv** wird gebildet aus **werden + Partizip II**.
– Im Passivsatz kann man die Person weglassen.
– Der Handelnde kann im Passivsatz mit den Präpositionen **von** und **durch** angegeben werden.
– Im Aktivsatz steht die handelnde Person im Vordergrund.

---

2. Verben: Zeitformen. Bestimme die nachstehenden Verbformen in Person, Numerus und Tempus!

a) Wir haben es gesehen. – *1. Person Plural, Perfekt*
b) Sie war aufgestanden – *3. Person Singular, Plusquamperfekt*
c) sie gehen – *3. Person Plural, Präsens*
d) ich werde tauchen gehen – *1. Person Singular, Futur*

Tipps und Hinweise

Verben sind Tätigkeitswörter oder Tunwörter. Sie bezeichnen eine Tätigkeit, einen Zustand oder einen Vorgang.
Verben können in verschiedenen Zeitformen stehen. Diese zeigt an, in welcher Zeit etwas geschieht.

---

3. Man unterscheidet zwischen starken und schwachen und unregelmäßigen Verben. Erkläre jeweils in einem Satz, was ein starkes bzw. schwaches Verb ist und gib ein Beispiel dafür an!

a) starkes Verb: *Bei einem starken Verb verändert sich die Form mit einem Selbstlaut im Imperfekt. Beispiel: fließen – floss*

Lösung: Grammatiktest 2.1

b) schwaches Verb: *Bei einem schwachen Verb verändert sich der Stammvokal nicht.*
Beispiel: reden – redete – geredet

Das muss ich wissen

Man kann anhand der **Zeitform der Verben** erkennen, ob etwas in der Vergangenheit, Gegenwart oder Zukunft stattfindet.
Es werden starke von schwachen und unregelmäßigen Verben unterschieden. Bei schwachen Verben verändert sich der Stammvokal nicht (z.B. *entdecken – entdeckte*). Bei starken und unregelmäßigen Verben hingegen ändert er sich in manchen Formen:
z.B. ***bringen – brachte, gehen – ging***

---

4. Wortarten: Bestimme die Wortart jedes einzelnen Wortes im folgenden Satz. Gib die Satzglieder der Wörter oder Wortgruppen an, die mit einem x versehen sind!

Satz: Wir sind große Skifahrer_innen.

Satz	Wortart	Satzglied / Funktion
Wir	*Personalpronomen*	X *Subjekt*
sind	*Verb*	X *Prädikat*
große	*Adjektiv*	X *Akkusativobjekt*
Skifahrer_innen	*Nomen / Substantiv*	

Satz: Obwohl Asterix ihm gerne mit Prügelverbot droht, verspeist Obelix abends trotzdem zehn Wildschweine.

Satz	Wortart	Satzglied / Funktion
Obwohl	*Subordinierende Konjunktion*	
Asterix	*Eigenname*	X *Subjekt*
ihm	*Personalpronomen*	
gerne	*Adverb*	
mit	*Präposition*	
Prügelverbot	*Nomen / Substantiv*	
droht,	*Vollverb*	X *Dativobjekt*
verspeist	*Vollverb*	X *Prädikat*
Obelix	*Nomen / Substantiv*	X *Subjekt*
abends	*Adverb*	X *Temporaladverbiale*
trotzdem	*Konjunktionaladverb*	
zehn	*Kardinalzahl*	
Wildschweine	*Nomen / Substantiv*	X *Akkusativobjekt*

Gründerzeit in Bayern

Vom Consultant zum Bildungstrainer

„Wir bereiten speziell auf Schulaufgaben vor": Claus Arndt beim Nachhilfeunterricht mit Schülerin Kathi und seinem Sohn Alexander

Claus Arndt (57) hat mit seiner Frau im eigenen Haus ein Lernstudio eröffnet

Claus Arndt hat schon immer gerne unterrichtet. Dass der Dipl.-Mathematiker dieses Hobby irgendwann zum Beruf machen würde, war aber alles andere als vorhersehbar.

Seit den 80er Jahren hat der Vater zweier Söhne als Software-Ingenieur und Presales-Consultant gearbeitet, zuletzt 13 Jahre im selben Unternehmen. Doch 2004 war damit Schluss: „Die Firma hat mit einem Mal großflächig Personal abgespeckt", erzählt der Waldtruderinger. „Wer gehen wollte, konnte gehen". Die Entscheidung fiel Arndt leicht, auch weil er eine Abfindung erhielt. Was er damit anfangen würde, darüber muss er nicht lange grübeln. „Ich hatte schon als Student Repetitorien für BWL-Studenten gehalten und mochte die Arbeit immer gerne."

Mit seiner Frau Monika, Autorin und Übersetzerin, entschied er sich, im Keller ihres Hauses ein Nachhilfestudio zu eröffnen und selbst als **Bildungstrainer** zu arbeiten. „Wir hatten schon immer im Hinterkopf, dass hier in Waldtrudering die Klientel dafür da ist", sagt Arndt. Denn Nachhilfe ist ein Luxus.

Um sich vorzubereiten, heuerte Arndt ein Jahr als Aushilfslehrer für Mathematik an, zunächst in der Realschule Dachau, später im Heinrich-Heine-Gymnasium. Mittlerweile hat das **Durchblicker Lernstudio Arndt** einen festen Stamm von rund 25 Schülern, die regelmäßig kommen. Eine Stunde Bildungstraining kostet bis zu 50 Euro. „Es war die beste Idee, mich selbständig zu machen", sagt Arndt. „Nur eines bereue ich: Dass ich es nicht früher gemacht habe."

Arndt unterrichtet die Nachhilfeschüler in Mathematik, seine Frau in Englisch, Deutsch und Französisch. Wenn die Nachfrage groß genug ist, zum Beispiel zum Schuljahresende hin, helfen weitere Nachhilfelehrer mit aus.

„Wichtig für den Erfolg ist, dass wir die Wünsche unserer Kunden erfüllen." Dazu gehören Crashkurse oder Intensivtraining. Außerdem setzt Arndt auf Werbung: Zuletzt hat er einen Werbefilm für die Kinoleinwand in Auftrag gegeben.

„„**Meine Spezialität ist, die Schüler direkt auf die Schulaufgaben vorzubereiten**", sagt der 57-Jährige. Passend dazu bringen er und seine Frau im Eigenverlag Bücher heraus, in denen sie modifizierte Schul-aufgaben und deren ausführliche Lösungen besprechen. „Zu jeder Schulaufgabe gebe ich eine persönliche Einschätzung und kennzeichne Aufgaben, die sich als G8-Standard herauskristallisiert haben."

Erst vor kurzem hat sich eine Mutter in einem Brief bedankt: „Meine Tochter kapiert Mathe am besten, wenn Sie es ihr vor den Schulaufgaben erklären."

Bericht von Vanessa Assmann in der Münchner Abendzeitung vom 15.3.2011

Neuerscheinungen

Schulaufgaben von bayerischen Realschulen

bereits erschienen und lieferbar

Englisch 5	Englisch 6	Englisch 7	Englisch 8	Englisch 9	Englisch 10
978-3-943703-36-8	978-3-943703-37-5	978-3-943703-38-2	978-3-943703-39-9	978-3-943703-40-5	978-3-943703-41-9

Mathematik 5	Mathematik 6	Mathematik 7	Mathematik 8	Mathematik 9	Mathematik 10
978-3-943703-26-9	978-3-943703-27-6	978-3-943703-28-3	978-3-943703-30-6	978-3-943703-32-0	978-3-943703-34-4

Neue Deutschbücher

Deutsch 5	Deutsch 6	Deutsch 7
978-3-946131-10-5	978-3-946131-11-2	978-3-946131-12-9

DURCHBLICKER Verlag GmbH

www.durchblicker.org
info@durchblicker.org
Tel: 089 - 43 73 73 14
Fax: 089 – 43 90 60 51

Ich wollte Ihnen mitteilen, dass ich in der Mathe-Schulaufgabe eine 1 habe. Ich habe die Aufgaben vor der Schulaufgabe alle durchgerechnet und fühlte mich so fit und sicher.

Meine Tochter kapiert Mathe am besten, wenn Sie es ihr vor den Schulaufgaben erklären.

„Ich empfehle die Reihe immer weiter. Sie haben in mir einen Fan gefunden."
Eine Buchhändlerin

So einen guten Mathelehrer wie Sie hatte ich noch nie!

„Die Bücher sind wirklich gut!"
Ein Großbuchhändler

VOLLTREFFER !!!
3 Aufgaben in meiner Schulaufgabe waren genau wie die aus Ihrem Buch.
Ganz toll!
Danke!

Die Hinweise in den ausführlichen Lösungen sind die absoluten Insidertipps! Damit weiß ich endlich, was dran kommt.

Nur durch Ihren ausgezeichneten Crash-Kurs habe ich die Mittlere Reife in Mathematik mit der Note 3 geschafft. Jetzt kann ich meine neue Lehrstelle antreten.

Wir haben alle Ihre Bücher.
Die sind spitze!

Wir haben bereits letztes Jahr mit Mathematik 7 und mit Englisch 7 gearbeitet, mit gutem Erfolg.

„Die Schulaufgaben von bayerischen Realschulen laufen ausgezeichnet!"
Eine Buchhändlerin

„Die Durchblicker Schulaufgaben sind inzwischen unsere Topseller!"
Eine Buchhändlerin

Ihre Bücher sind sehr professionell. Wir bestellen hiermit die nächsten.

Deutsch 6
Realschule

ISBN: 978-3-946141-11-2

€ 14,95 (D)   € 15,40 (A)